JN086880

分散型自律組織

DAOの仕組みと法律

Decentralized Autonomous Organization Structure and Laws

福岡真之介・本柳祐介 著

商事法務

はしがき

本書は、DAO（分散型自律組織）について、その仕組みと組成・運営に当たって直面する法律問題について解説するものである。

DAO は、ブロックチェーン技術の誕生とともに生まれた新しい組織であり、現時点では一般的に知られていないため、本書では、まず、その仕組みについて解説している。また、国内外（主に外国）における実際の DAO の事例を紹介し、読者に具体的なイメージをもっていただけるように努めた。法律論については、DAO の組成に関する法律に加えて、DAO の組成・運営に必須のトークンに関する法律について解説している。

DAO という分散型自律組織は、

① 株式会社との比較を通じて、組織はどうあるべきか

② 意思集約の方法を通じて、民主主義とはどうあるべきか

③ プロジェクトに対する人のかかわり方を通じて、人々の働き方はどうあるべきか

について大きな示唆を与えてくれる。

具体的には、株式会社では社内的には経営陣をトップとしてピラミッド型組織で運営されているが、それは所与のものではなく、経営陣不在での経営があることを DAO は示唆している。

意思集約の方法としても、さまざまな方法があり、多数決という方法だけではなく、クアドラティック・ボーティングやホログラフィック・コンセンサスといった新しい手法があることを DAO は示唆している。

プロジェクトへのかかわり方としても、企業に雇用されるという方法ではなく、自らプロジェクトを提案して、そのプロジェクトの成功と引換えに報酬を得るといった働き方があることを DAO は示唆している。

このように DAO は既存の制度に対する挑戦状を突きつけており、刺激的な組織形態である。既存制度に対するアンチテーゼの塊のような DAO という組織が社会に受け入れられるようになるには相当な時間がかかる可能

性があるが、今後、急速にデジタル化・AI化していく社会の中では、DAOという組織形態が活用される余地は大いにあるだろう。

人間は社会活動をする上で組織を作るが、現在の経済的繁栄をもたらし資本主義の基盤となっているものが、17世紀に「発明」された株式会社という組織である。しかし、資本主義は格差の拡大などさまざまな問題を抱えており、行き詰まりや限界を迎えているという見解もある。その見解の当否はともかく、ブロックチェーン技術によってもたらされたDAOという新しい組織形態が、株式会社に匹敵する大発明として、これからの時代において株式会社に代わる新しい組織として、さまざまな問題を解決できるかもしれない。少なくとも、DAOを検討することを通じて、既存の組織を見直し、アップデートすることは十分考えられるだろう。

本書が、DAOを使ってプロジェクトを組成・運営しようとする方々が、DAOを理解し、それを活用するのに少しでも役に立つことがあれば幸いである。また、DAOを利用しない方々でも、DAOを通じ、既存の株式会社、民主主義、人々の働き方について、新しい視点を提供することができれば幸いである。

本書の執筆に当たり、西村あさひ法律事務所・外国法共同事業の秘書の越前愛莉さんには、多大な協力をいただいた。また、本書の編集の労をとっていただいた㈱商事法務の吉野祥子氏には大変お世話になった。この場を借りて厚く御礼申し上げる。

2023年11月

福岡真之介
本柳　祐介

◯凡　　例◯

◯法令の略称

一般法人認定法	一般社団法人及び一般財団法人に関する法律
金商業等府令	金融商品取引業等に関する内閣府令
金商法	金融商品取引法
金商令	金融商品取引法施行令
景品表示法	不当景品類及び不当表示防止法
公益法人認定法	公益社団法人及び公益財団法人の認定等に関する法律
資金決済法	資金決済に関する法律
出資法	出資の受入れ、預り金及び金利等の取締りに関する法律
通則法	法の適用に関する通則法
定義府令	金融商品取引法第二条に規定する定義に関する内閣府令
犯収法	犯罪による収益の移転防止に関する法律

◯判例誌の略称

民集	大審院民事判例集、最高裁判所民事判例集
下民集	下級裁判所民事判例集

Contents

第2章　DAOの法律

第1章
DAOの仕組み

第1節　DAOとは何か

1　なぜDAOか

DAOとは、分散型自律組織を意味し、「Decentralized Autonomous Organization」の頭文字をとったものです。

DAOは、「分散型自律組織」という名前が示す通り、意思決定がメンバーに分散され、経営者による中央集権的な運営はされず、メンバーによって自律的に運営される組織です。

現在、Web3の世界では、多くの組織がDAOとして運営されています。それらが従来型の組織形態を採用しなかった理由は、DAOには従来型組織にはない長所があるからに他なりません。DAOと従来型組織の違いのイメージは、【図表1－1】の通りです。

DAOの長所について、イーサリアム財団のDAOについての解説サイトでは、「誰かと一緒に組織を立ち上げるには、資金やお金が関わるため、相手との信頼関係が必要になります。しかし、インターネット上でしか交流のない人を信用するのは難しいと思います。分散型自律組織（DAO）では、グループ内の他の誰かを信用する必要はなく、100％透明で誰でも検証可能なコードだけを信用すれば大丈夫です。これにより、グローバルなコラボレーションやコーディネーションに新たな可能性が広がりました」と説明されています(注1)。同サイトでは、DAOと従来型組織の比較について【図表

（注1）　https://ethereum.org/ja/DAO/

【図表1－1】 DAOと従来型組織の違い（イメージ）

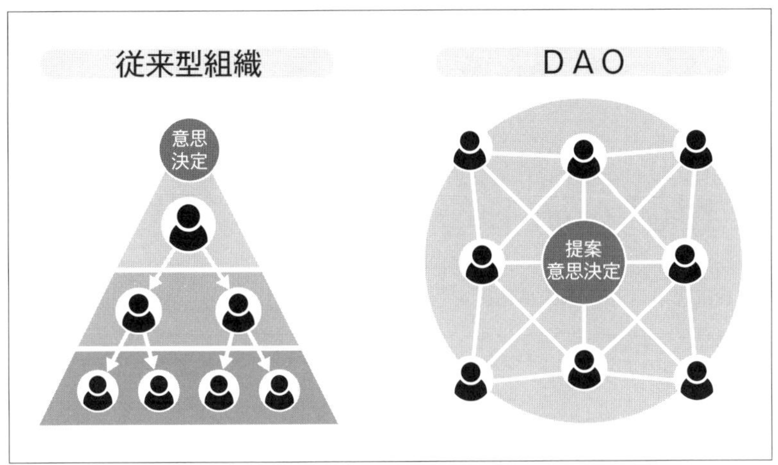

1－2】を掲げています。

DAOには短所もあります。DAOの歴史は短く、ベストプラクティスが形成されておらず、法律も整備されていませんので、どのようにすればよいのか迷うことが数多くあります。これに対して、長い歳月をかけて練り上げられた株式会社といった従来型組織は、資金を集めて事業を運営するための組織としての実績があり、法律も整備され、安定性が高い効率的な組織形態です。DAOと従来型組織にはそれぞれ長所と短所があり、DAOが従来型組織に完全に置き換わることはないでしょう。しかし、データを分散管理するブロックチェーンを基盤技術とするWeb3（ブロックチェーンを利用した分散型インターネット技術）の世界では、分散型組織であるDAOと方向性が一致するため、今後、Web3における組織形態としてはDAOがますます増えていくと考えられます。

そして、このようなDAOは、将来、中央集権型の組織から構成されていた社会や、人々の働き方を大きく変えていくことになると考えられます。

Web3の世界では多くのプロジェクトでDAOが活用されています。2022年に累積取引額が1兆ドルを超えた分散型取引所のUniswapや発行残

【図表１-２】 DAO と従来の組織の比較

分散型自律組織（DAO）	従来の組織
通常はフラットな組織で、完全に民主化	通常は階層的
変更を実行するには、メンバーによる投票が必要	組織構造によっては、単独の当事者から変更が要求されることがあり、または投票が行われる場合がある
投票は集計され、結果は信頼できる仲介者なしに自動的に実行される	投票が可能な場合、投票は内部で集計される
提供されるサービスは、自動的に分散化された方法で処理される（例えば慈善資金の分配）	人間による処理、または集中管理された自動化を必要とし、改ざんされるおそれがある
すべてのアクティビティは透明で完全に公開	通常、アクティビティは非公開で、一般には非公開

高の時価総額が最高時に100億ドル超えたステーブルコインの Dai を発行する MakerDAO は、DAO によって運営されています。また、四角のメガネのキャラクターが特徴的な NFT プロジェクトの Nouns DAO も DAO によって運営されています。

このように Web３のプロジェクトでは、DAO は実際にもプロジェクトを運営するための組織形態として利用され、成功を収めているものもあります。Web３のプロジェクトを立ち上げる際には、DAO を使うか否かは検討すべき点の１つといえるでしょう。

本書では、そのような DAO について主に法律的な観点から解説します。

2 DAOとは

(1) DAOの定義(注2)

DAOは、組織運営に必要な事項のすべてについてメンバーが意思決定を行うことから、経営者による中央集権的な運営がされず、メンバーによって直接的に運営が行われます。今までは、そのような分散型自律組織を運営することは難しかったのですが、ブロックチェーンを活用することで実現することが容易になりました。

DAOを運営する基盤として、ブロックチェーン技術を利用することから、本書では、DAOを「ブロックチェーンで運営管理される分散型自律組織」と定義します。

イーサリアム財団のDAOの解説サイトでも、「分散型自律組織（DAO）とは、共通の目的のために集団が共同で所有し、ブロックチェーンで運営・管理された組織です」と説明しています(注3)。

世の中には分散型自律組織はいろいろありますが、DAOは、「ガバナンストークン」と呼ばれるブロックチェーンによって運営管理されることが一般的であり、その点に特徴があります。ブロックチェーンを使うことで、組織運営についても、Web3の特徴である分散化、透明性、自動化を実現することができます。したがって、DAOの定義の「ブロックチェーンによって運営管理された」という部分は重要です。DAOのツールであるAragonによるDAOの解説では、「スマートコントラクトは、特定のパラメータが

（注2） 現時点では、DAOについての共通理解が形成されていないため、DAOという言葉を使っていても、お互いに思い描いているDAOの具体的な形が異なることもしばしばある。そのため、「DAO」という用語を使う場合には、共同作業や取引をする相手と具体的な内容について共通認識をもつことも重要と思われる。

（注3） https://ethereum.org/ja/DAO/ なお、同サイトの日本語版は「ブロックチェーンで管理された組織」とあるが、英語では「blockchain-governed」とあることから上記のように訳した。

満たされたときに特定のアクションを自動的に実行するため、人間が予測可能または信頼できる方法で動作することを信頼する必要がない。……これが、ブロックチェーン上に展開されることが、組織をDAOたらしめる重要な特徴である理由だ。DAOは、オンチェーンでなければ分散化も自律化もできない」と述べています(注４)。

分散・自律的に運営されていればDAOであるということではありません。例えば、ビットコインは、特定の運営主体がなく自律的に運営されています。それゆえに、ビットコインがDAOであると主張する人もいますが、ビットコインがDAOであるとは一般的には考えられていません。その理由は、ビットコインのコミュニティの運営そのものにはガバナンストークンが利用されていないことによると考えられます。

このように定義されるDAOですが、現在、Web3における組織のいくつかはすでにDAOによって運営されているか、将来的にDAO化することを目指しています。実際の事例については、**本章第２節**でご紹介します。

なお、本書では、ブロックチェーンを、基本的にビットコインやイーサリアムのようなパブリック型のブロックチェーン(注５)を前提として解説します。

⑵　ブロックチェーンとDAO

DAOは、組織の運営管理にブロックチェーンを使うことでどのような特徴をもつようになったのでしょうか。ブロックチェーンには、①改ざんの困難性、②透明性、③トラストレス（取引相手を信頼することや信頼できる仲介者などの第三者が不要）といった特徴があります。

（注４）　https://blog.aragon.org/what-is-a-dao/

（注５）　ブロックチェーンには、管理者の有無や参加者が限定されているか否かにより、パブリック型、コンソーシアム型、プライベート型がある。パブリック型ブロックチェーンは、管理者が存在せず、参加者が限定されておらずオープンであり、発展性・普遍性があることから、本書では、パブリック型ブロックチェーンを前提としている。

このような特徴をもつブロックチェーンを組織の運営管理に利用していることから、DAOにもこのような特徴が反映されることになります。

また、DAOが、④ブロックチェーンにおけるスマートコントラクトの利用や、⑤インターネットを前提としていることから生じる特徴もあります。

❶ 改ざんの困難性

ブロックチェーンは、データをブロックに格納し、ブロックをチェーンのように連鎖的につなげています。各ブロックには、前のブロックのハッシュ値（入力値を一定の長さの出力値に不可逆的に変換した値）[注6]が含まれているため、データが改ざんされると、改ざん以降のすべてのブロックのハッシュ値が変わってしまいます。そのため、あるブロックを改ざんすると、改ざんした以降のすべてのブロックも変更しなければならず、改ざんすることが非常に難しくなっています。また、ブロックチェーンは、多くのノード（コンピュータ）にデータがコピーされており、それらのノードが相互にデータを検証し合っているため、改ざんするためには、ネットワーク上の過半数のノードで同時にデータを変更する必要があり、改ざんすることが非常に難しくなっています。

❷ 透明性

ブロックチェーンでは、取引履歴やデータはブロックに書き込まれ、すべてのノードに共有され、誰でも閲覧できるため、高い透明性があります。そのため、誰がどのように資金を動かしたかや、誰がどのような投票をしたかについて誰もが知ることができます。

もっとも、ブロック外のデータを利用している場合もあるため、透明性が確保されているのはブロックに書き込まれた情報に限られるという点には留意が必要です。また、ブロックチェーン上のアドレスは通常は匿名であるため、個人や組織を特定できないことが多く、この点での透明性は必ずしも高

（注6） ハッシュ値を生成するハッシュ関数は、不可逆的な一方向の関数であり、同じデータからは常に同じハッシュ値が生成されるが、元データの内容が変わるとハッシュ値も異なる数値となる。なお、異なるデータから同一のハッシュ値を生成される可能性もゼロではないが、その可能性は極めて低くなる。

いとはいえません。ちなみに、ブロックに書き込まれたデータをオンチェーンデータ、ブロック外のデータをオフチェーンデータといいます。

❸　トラストレス

通常、誰かと取引をする場合には、その人が約束を実行してくれることを信頼することが必要となります。そのため、取引相手が信頼できることは重要であり、信頼できない場合には信頼できる仲介者を介して取引する必要があります。しかし、ブロックチェーンでは、ネットワーク上のすべてのノードが取引の正当性やブロックの検証を行うことにより、取引相手に対する信頼や、信頼できる第三者の仲介がなくても、信頼できる取引ができる「トラストレス」なシステムが実現できます。なお、「トラストレス」という用語は誤解を招きやすい用語で、言葉自体からは信頼がないと読めますが、その意味するところは、「取引するに当たり、取引相手を信頼することが不要」という意味であり、「信頼がない」という意味ではありません。

このようなトラストレスなシステムを構築できることから、DAOでは、身元を確認することは必須ではなく、ガバナンストークンを保有する者であれば誰でも、組織による承認がなくてもメンバーとして認めることが可能となります（パーミッションレス）。

❹　スマートコントラクト

ブロックチェーンの中でもイーサリアムなどでは、「スマートコントラクト」と呼ばれるプログラムを使うことができます。スマートコントラクトとは、ブロックチェーン上の取引やブロックチェーン外から取り込まれた情報をトリガーにして実行されるプログラムのことをいいます。スマートコントラクトを実行することにより資金の移動などを自動的に実行することができます。そのため、取引の効率化だけではなく、人の恣意的な判断が入る余地を排除できます。また、スマートコントラクトは、ブロックチェーン上に書き込まれているため、誰もがその内容を見ることが可能であるという点で透明性が確保されています。

なお、スマートコントラクトが１度ブロックチェーンに配置（デプロイ）されると、本人も第三者も変更することが実際上は不可能になります。

❺ インターネットの利用

DAOのプロジェクトはインターネットを利用することが前提であるため、DAOのメンバーはインターネット利用者です。インターネットはグローバルであり、メンバーの所在地や国籍を問わないため、DAOでは、比較的容易に組織をグローバルに成長させることができます。

このようにDAOは、ブロックチェーンを使うことで、①中央集権的な経営者がいなくても運用できる、②資金運用や投票について透明性が確保でき、人による恣意的な判断や不正が入り込まない、③メンバーがお互いを知ることなく組織を運用できる、④メンバーになるために組織の承認は不要であり、ガバナンストークンを有する者は誰でもメンバーになれる、⑤組織のメンバーをグローバルに拡大することが比較的容易となるといったことが実現できます。

従来型の組織を代表するものとして株式会社がありますが、株式会社は、プロダクト（製品・サービス）を経営者の判断によって開発・運営し、資金も経営者の判断で動かしています。株式会社の所有者である株主は、資金を提供しますが、プロダクトや資金管理について判断することはなく、経営者が判断します。株主には、そのような能力や時間がありませんし、多数の株主の意見を聴くとなると時間もかかるので、経営者に意思決定を任せることは合理的といえます。

これに対し、DAOでは、ブロックチェーンを使うことで、透明性のある形でメンバーが意思決定することが可能となることから、中央集権的な経営陣なしに、プロダクトの開発・運営や資金管理ができるようになります。

もっとも、DAOには、営利目的のものから非営利目的のものまで多種多様なものがあります。また、分散・自律の程度もかなり違いがあります。組織は、誰かがリーダーシップを発揮しないと動かないという現実もあり、現時点では、必ずしもすべてのDAOが完全に分散・自律を実現できているとはいえません。また、「DAO」を名乗りながら、実際にはコアチームが運営をしていたり、コミュニケーションにDiscord（チャットアプリ）を利用するだけであったりと、十分な分散化がされていないDAOもあります。

DAOにはガバナンストークン・スマートコントラクト・トレジャリーが必須であるとの考え方もありますが、DAOの理想と現実との間にはギャップがあります。また、分散化することが必ずしも良い結果を招くというわけではありません。本書では、完全に分散・自律しているDAOのみを取り扱うものではなく、現実も考慮した上で解説します。もっとも、DAOの運営に当たっては、現実に妥協するのではなく、その理想を追い求めることも重要だと考えられます。

(3) DAOのメリット・デメリット

すでに述べた部分もありますが、DAOについて、そのメリット・デメリットを以下のように整理することができます。

❶ メリット

(a) 透明性

ブロックチェーンを利用することで、運営や意思決定が公開され、不正行為や情報の非対称性が減少します。

(b) 効率性

スマートコントラクトによる自動化により、管理コストや運営負担が軽減されます。

(c) グローバル性

ブロックチェーンを利用することで、国境を越えた参加やコラボレーションが可能になります。

(d) コミュニティ主導

メンバーが共同で意思決定を行うため、コミュニティのニーズや価値観が活動に反映されやすくなります。特に、あるサービスのユーザーが、そのサービスを運営するDAOのメンバーと一致する場合、ユーザーがサービスを運営することになるので、サービスの利用率、ロイヤリティ、満足度の向上が実現しやすくなります。

【図表1－3】 DAOのメリット・デメリット

メリット	デメリット
透明性	意思決定の遅さ
効率性	フリーライドの発生
グローバル性	法規制の不確実性
コミュニティ主導	セキュリティリスク
経営者不在によるコストの不発生	ベストプラクティスの未確立
組織・サービスの永続性	トークン設計の複雑性
トークンのインセンティブの活用	DAO・Web3の認知度の低さ

(e) 経営者不在によるコストの不発生

経営者がいないため、経営者への報酬支払といったコストが不要になります。また、経営者がいると、メンバーの利益を犠牲にして私利私欲を図ることが起こる可能性があるほか、経営者が真摯に行動していてもメンバーの意図とは異なった行動を行う可能性がありますが（そのコストを「エージェンシーコスト」という）、DAOであればそのような事態が生じません。

(f) 組織・サービスの永続性

中央集権的な管理者が存在しないため、管理者不在でも組織が存続し、サービスが提供されることになります。

(g) トークンのインセンティブの活用

DAOではトークン発行ができますが、これをユーザーや協力者に配布することにより、DAOに協力するインセンティブとして利用することが可能です。

❷ デメリット

(a) 意思決定の遅さ

DAOでは、メンバーが直接的に意思決定プロセスは、メンバーという多くの人々を巻き込むため、経営者だけで判断する場合と比べて時間がかかり意思決定が遅くなります。

⒝　フリーライドの発生

運営に積極的に参加するメンバーの貢献によって生じる成果に、参加しないメンバーがただ乗り（フリーライド）し、メンバー間で不公平が生じることがあります。

⒞　法規制の不確実性

DAOは新しい組織形態であるため、法規制が十分に整備されておらず、不確実性があります。

⒟　セキュリティリスク

スマートコントラクトの脆弱性をついたハッキングによる資金流出や議決権の不正行使などのリスクがあります。

⒠　ベストプラクティスの未確立

現状、DAOの運営について、ベストプラクティスが存在せず、手探りで試行錯誤を繰り返している状況にあります。そのため、DAOをどのように組成・運営したらよいのかわからず、検討や試行錯誤のためのコストが必要となります。

⒡　トークン設計の複雑性

DAOではトークンを発行することになりますが、トークン設計については自由度が高い反面、トークンにはさまざまな法規制があり、これらをクリアする必要があります。また、トークンが売買の対象となる場合にはその価格をどのようにコントロールするかというトークノミクスと呼ばれる経済的視点も必要となります。そのため、トークンの設計はかなり複雑となります。

⒢　DAO・Web3の認知度の低さ

世間では、現時点では、DAOやWeb3の認知度が低く、Web3について知らない人をDAOのメンバーとして勧誘するのはハードルが高いため、DAOを拡大するに当たっての制約となります。

⑷　DAOと株式会社の比較

DAOと会社は、どちらも組織ですが、どこが違うのでしょうか。その違いを理解するためにDAOと会社の代表である株式会社を比較してみます（注7）。

なお、日本においては、会社には株式会社の他に合同会社、合資会社、合名会社といった「持分会社」と呼ばれる会社があり、それらは、「所有と経営」が比較的一致しており、その点ではDAOに近い組織形態となっています。ここでは、比較の視点から「所有と経営」が分離した株式会社を取り上げます（注8）。

❶ 組織構造

DAOは、分散型自律組織であり、ブロックチェーン技術を利用して運営されます。これにより、中央集権的な管理者やヒエラルキーが存在せず、メンバーが直接的に意思決定を行うことができます。

株式会社は、法人格をもつ組織であり、株主、取締役、従業員などの関係者によって運営されます。組織の意思決定は、通常、株主総会や取締役会などを通じて中央集権的に行われ、組織にヒエラルキーが存在します。また、重要な意思決定も経営者に委ねられるため、経営者が株主の意向に沿わない運営を行う可能性があるほか、株主の利益を犠牲にして、自らの利益を図るおそれもあります。例えば、経営者が高額の報酬をとることや、自己顕示欲を満たすために多額の投資をすることがありますが、株主の利益を犠牲にした上で自らの利益を図るものといえます。そもそも、経営者は株主の意向通りに業務を遂行するとは限らないことから生じる非効率性があります。これは経営者を任命する以上、避けることができない問題です。

（注7） DAOの法的な組織形態として株式会社を選択することは可能だが、上記で述べる本質的な違いから、株式会社を使ってDAOを運営するのはかなりの無理がある［☞1を参照］。

（注8） 会社法は、株式会社の設計を柔軟に行うことを可能としているため、厳密にいえば、株式会社においても所有と経営が一致するような形にすることは可能である。ただし、株式会社の原則形態としては所有と経営が分離していることが想定されているといえる。

❷ ガバナンス

DAOのガバナンスは、ブロックチェーンを利用して透明性と分散化が実現されており、メンバーが直接的に意思決定を行います。提案や投票がインターネットを通じて行われることで意思決定がされます。なお、ガバナンストークンは、創業者・投資家だけではなく、ユーザー・従業員・外注先などの関係者に幅広く配布されることも多く見受けられます。このようなDAOの運営は、これら関係者の意見を幅広く集約したものとなります。

株式会社のガバナンスは、株主総会や取締役会などを通じて行われます。株主は取締役を選任しますが、経営の意思決定を直接的に行うことはなく、取締役が経営の意思決定を行います。株主は、株式会社の持分を株式という形で所有しますが、経営には直接関与しません。これは「所有と経営の分離」といわれます。

❸ 所有構造

DAOでは、メンバーがDAOの運営への参加権を有していますが、DAOを「所有」しているか否かという点については、もう少し厳密に考える必要があります。「所有」の意味を「意思決定に関与している」と読むのであれば、メンバーはDAOを所有しているといえますが、「DAOに対する持分権」と読む場合には、そもそもDAOの法的性質が明確ではないため、メンバーがそのような持分権を有しているかは不明確です。

株式会社では、株主が株式会社の持分を有しており、所有者です。株主は、株式会社の自益権（経済的な利益を受ける権利）と共益権（運営に参加できる権利）を有しています。そのため、「株式会社の経営者は株主の価値を最大化すべき」（株主主権）ということもよくいわれます。このような株主主権について、弊害も出てきたため、利害関係者も考慮する動きもありますが、株主が株式会社の所有者であることは否定できないため、株式会社が、株主の価値を最大化する傾向をもつことは避けられないといえます。

❹ メンバー／株主の責任

DAOでは、法制度が整備されていないため、その組織形態によっては、メンバーがDAOの運営によって生じた責任について、出資額にかかわらず無制限に弁済する義務を負うリスクがあります。これを「無限責任」といいます。

株式会社では、法整備がされており、株主は会社に生じた責任について、出資金の範囲でしか責任を負わないという「株主有限責任」の原則が設けられています。そのため、株主が負うリスクが限定されています。

❺ 資金調達

DAOは、トークンセールなど、ブロックチェーンを利用して、インターネットを通じて資金調達方法を用いることが一般的です。規制法は別途遵守する必要がありますが、グローバルな投資家から迅速・低コストで効率的に資金を集めることが可能です。

株式会社の資金調達は、通常はデジタル化されていないため、非効率的かつ時間やコストがかかる上に、地域的な制約もあります。

❻ 収益分配

DAOにおいて、トークンホルダーに対して収益分配を行う場合、通常、スマートコントラクトを利用して自動的に実行されるため、効率性と透明性があります。一方、株式会社では、株主に対して配当が支払われることがありますが、これは取締役会の決定に基づいて行われ、手続も必ずしもスピーディとはいえません。

❼ インセンティブ設計

DAOでは、メンバーやコントリビューターなどに対するインセンティブ設計は、トークンを活用するのが一般的です。トークンは、デジタル化・ブロックチェーン化されているため、移転が容易なことに加え、透明性などの点において優れています。また、トークンにさまざまな機能・権利をつけることができ、設計の自由度が高いため、多様なニーズに対応することができます。

株式会社では、役職員に対するインセンティブ設計は、報酬やストックオプションなどによります。

❽ 財務・会計の取扱い

DAOでは、財務・会計処理のルールが整備されていません。監査や法的

【図表１－４】 DAO と株式会社の比較

	DAO	株式会社
組織形態	分散型自治組織	中央集権的組織
ガバナンス	メンバーが意思決定に参加	経営者や株主が意思決定
透明性	意思決定や取引が透明	情報の公開度は経営者の判断による
所有権	トークンホルダーが所有権を持つかは不明確	株主が所有権を持つ
メンバーの責任	メンバーが共同で無限責任を負う可能性あり	株主は出資額を限度にしか責任を負わない
収益分配	自動的に行われる	株主総会・取締役会により決定 収益分配は人手を介して実行
インセンティブ設計	トークンを活用したインセンティブ設計	株式オプションや報酬体系による
法規制	法規制が不確実 ハッキングリスクあり	会社法や関連法令に基づく 意思決定の遅さ
財務・会計	ルールが未整備	ルールが整備
組織の存続性	経営者不在でも存続可能	経営者不在では存続できない

な財務報告は、必ずしも行われません。もっとも、資金調達などの取引にブロックチェーンを利用しているため、財務状況の透明性は高いといえます。

株式会社では、法律に基づいて財務管理を行い、監査や財務報告が必要です。もっとも、その基礎となる会計帳簿については開示されないのが通常です。なお、株式会社では、株主から払い込まれた出資金の一部は資本金となり、債権者を保護する役割を果たしています。

❾　法的地位

DAO は、多くの国や地域ではまだ法人格が認められていないため、法的地位が不安定です。なお、米国のワイオミング州など、DAO に法人格が認められる法律が制定されている地域もあります。法人格が認められない場合、エンティティに対する課税がなされず、メンバーが直接にDAOに関する納税義務を負うこともあります。

株式会社は、ほとんどすべての国で法律が整備され、法律に基づいて設立することで法人格が認められます。これにより、安定的な法的手続が可能となります。他方で、株式会社を設立した国による監督に服し、課税の対象となります。

⑩ リスク

DAOは、新しい技術やビジネスモデルを採用しているため、予想外のリスクにさらされることがあります。技術上のリスクとして、例えば、スマートコントラクトに対するハッキングにより被害を被るリスクがあります。また、法律・税制についての整備がされていないため、予想外の規制や課税がされるなどの法的リスクがあります。

株式会社は、長年の歴史により形成されてきた法律や規制があるため、予測可能性が高く、リスクが比較的低いといえます。

⑪ 組織の永続性

DAOでは経営者がいなくても組織を存続することができるため、メンバーがいる限り組織が存続し、組織の永続性が高いといえますが、株式会社では経営者がいなければ組織は存続できません。株式会社では「後継者問題」が話題になるのはそのためです。

このように、DAOと株式会社は、それぞれメリット・デメリットがあります。これらのメリット・デメリットをみればわかる通り、どちらか一方が優れているとはいえません。行う活動の内容によっては株式会社のほうがよい場合もあります。ビジネスやプロジェクトを始めるに当たって、どちらの組織形態を使うかを判断する際には、それぞれの組織形態がもつメリットとデメリットを理解し、ビジネスやプロジェクトの目的や性質に応じて適切な選択をすることが重要です。

【図表１－５】 Web１・Web２・Web３の比較

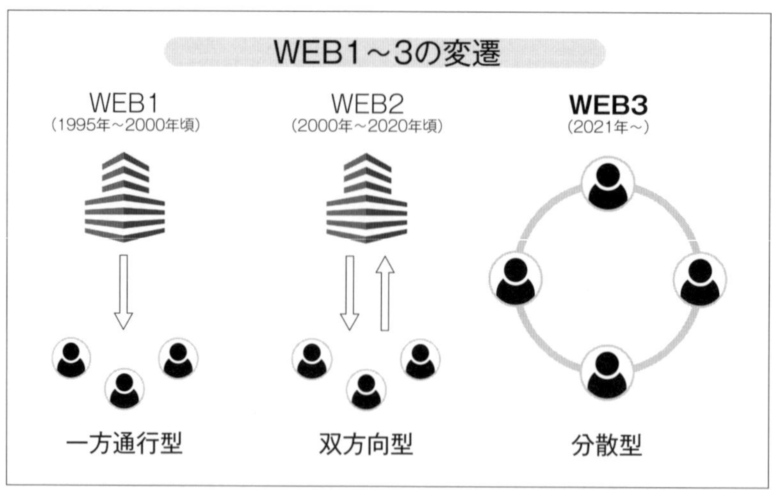

	Web 1	Web 2	Web 3
ユーザーの役割	情報の受け手のみ	情報の受け手・発信者の双方	情報の受け手・発信者・共同運営者
コンテンツ作成	中央集権的	分散的、ユーザー主導	分散的、コミュニティ主導
データの保有・管理	中央集権的、サーバ	中央集権的、クラウド	分散的、ブロックチェーン上
利益分配	ユーザーには分配されない	中央集権的	分散的、スマートコントラクトによる
プライバシー	中央集権的、プラットフォーマーが個人情報を収集	中央集権的、プラットフォーマーが個人情報を収集	分散的、個人情報は本人が管理
プラットフォームのガバナンス	中央集権的	中央集権的	分散的

(5) Web3とは

DAOはWeb3のプロジェクト[注9]を実施するための組織形態として登場してきました。そこで、簡単にWeb3についても触れたいと思います。「Web3」という用語にも確立した定義はありませんが、「ブロックチェーンに基づく分散型オンライン・エコシステム」を意味するものとして用いられていることが多いといえます[注10]。

Web3というからには、Web1、Web2もあります。Web1とは、企業や個人がインターネットで一方的に情報を発信し、ユーザーは読むだけの世界で、昔のウェブサイトがそれに当たります。Web2とは、YouTube、SNSのように、ユーザーもインターネットで情報発信する双方向の世界です。そこでは、GAFAなどの中央集権的プラットフォーマーが力をもつようになりました。これに対して、Web3の世界とは、データが分散処理され、中央集権的プラットフォーマーがいない世界です。ちなみに、Web2.5という用語もあります。Web2.5は、分散化を図りつつも、一部に中央集権的な要素を残したものを意味することが多いようです。

Web3については、分散的な世界を目指す社会運動・イデオロギーであるという見方もあります。そのイデオロギーの内容として、分散化は善であり中央集権は打破されるべきものという価値観が主張されることもあります。また、Web3により「インターネットの民主化」が実現するという主張も見受けられます。Web3には、特に欧米において歴史的に形成された思想的背景があります。

Web3を推進していく力に、分散的な世界を目指す社会運動・イデオロギーがあることは否定できません。もっとも、本書は実用書であることから、イデオロギーと無関係にWeb3を考えることとします。

(注9) プロジェクトとはサービスや商品を提供するための一連の活動のことを意味する。

(注10) Edelman, Gilad. “The Father of Web3 Wants You to Trust Less”, Wired. https://www.wired.com/story/web3-gavin-wood-interview/

また、「Web3がWeb2に置き換わる」という見方があります。分散的な世界を目指す思想からは、「Web3がWeb2に置き換わるべきである」という主張になるでしょう。この点についてはいろいろな見解がありますが、すべてを分散化するのは現実的ではなく、Web2とWeb3が共存するという見通しが現実的と思われます。Web2に向いている領域に無理にWeb3を導入してもユーザーの支持を得ることができないことから、何がWeb2に向いており、何がWeb3に向いているのかを見極め、うまく使い分けることが重要になると考えられます。

⑹　DAOの特徴と課題

これまで述べてきたことを踏まえてDAOの特徴と課題を整理すると以下の通りです。

DAOは、ブロックチェーンを活用し、従来の中央集権型の組織とは異なる分散型のガバナンスを提供します。これにより、透明性や効率性が向上し、参加者がより平等に意思決定に関与できます。そのため、DAOが企業や組織にとって新たな組織形態としての可能性をもっています。

また、DAOのガバナンスは、従来型の企業や組織におけるガバナンスよりも柔軟性や拡張性があります。

DAOは、世界中のどこからでも参加が可能であり、コミュニティがグローバルに拡大することができます。参加者はDAOの成長に応じてリソースを効率的に配分し、組織の拡大や縮小に対応できます。そのため、DAOは、スケーラビリティとコミュニティの観点からも革新的な潜在能力をもっています。

将来的には複数のDAOが連携して、より複雑で高度な機能をもつ組織が現れる可能性があります。例えば、あるDAOが別のDAOにサービスを提供することで、相互に協力し合い、効率的に資源を共有することができます。このようなDAOの連携は、分散型のインターネット経済において新たな可能性をもたらします。

一方で、DAOにはまだ解決すべき課題があります。例えば、ガバナンスの効率性やシビルアタック（1人の参加者が複数のアカウントを作成し、投票権を悪用する攻撃）への対策が必要です。

また、現行の法規制がDAOにどのように適用されるのか、どのような制度の整備が必要かについて検討する必要があります。法規制が整備されることで、DAOが一般的な組織形態として認識され、信頼性や安全性が向上することが期待されます。

DAOについて、その特徴を生かし、これらの課題を乗り越えることで、新たな組織を利用して従来型の組織では解決できなかった問題を解決し、よりよい社会を築いていくことが考えられます。

DAOに関する技術やガバナンスの進化が、従来の企業や組織にも影響を与え、新しいビジネスモデルやイノベーションを生み出す可能性もあります。

3 DAOの典型例

DAOの具体的なイメージをもってもらうため、典型的なDAOがどのように作られ、運営されているのかについて述べます。DAOにはさまざまなものがあるので、ここで述べるのは、あくまでも1つの例にすぎず、すべての文章は「通常は」「という場合がある」という語句がつけられるべきものである点にご留意ください。

(1) DAOの組成

何らかのプロジェクトを実行するために組織を作って運営するには人とお金が必要であり、これはDAOでも同じです。

DAOを作るに当たっては、まず、メンバーになってくれそうな人に声をかけることになります。昔は、このような声がけは人を通じて行われていましたが、DAOではSNSなどインターネットを通じて声がけされることが多くなっています。メンバーもグローバルになる傾向にあります。

メンバー候補者が集まると、DAOは、メンバー候補者にガバナンストークンを発行します。トークンとは、ブロックチェーンに記録されたデジタルデータのことで、ガバナンストークンには投票権がついています。ガバナンストークンをもつメンバーは、投票権を行使して、DAOの運営に参加することになります。

メンバー候補者は、ガバナンストークンと引換えに、ビットコインやイーサといった暗号通貨[注11]をDAOに払い込み、メンバーとなります。この払い込まれた暗号通貨により、DAOは資金を調達することができます。

DAOを立ち上げるためのツールとして「aragon」[注12]「DAO Haus」[注13]「Tally」[注14]などのサービスがあります。

⑵　DAOの運営

DAOの運営に当たっては、メンバーやコアチームが、プロジェクトや組織運営についてのさまざまな提案を行います。コアチームは、DAOの運営のリーダシップを委ねられているチームのことをいいます。

メンバーは、その提案に対して、ガバナンストークンに基づく投票権を行使することで意思決定をします。このようにしてDAOのメンバーは、プロジェクトや組織運営について、直接的に意思決定をすることになります。例えば、分散型金融システムであるDeFiのプロジェクトであれば、手数料・金利はいくらにするか、コード（プログラム）にどのようなアップデートを加えるかといったことを、メンバーが投票することで決めます。このようなメンバーによる直接民主制により、DAOは、経営陣なしに組織運営が行われます。

メンバーの投票により意思決定がされると、その内容を実行することになります。DAOの中には、コード化された提案を提出することを求めていることもあります。その場合には、メンバーの投票により提案が可決される

（注11）「暗号通貨」という用語については、☞後記**第2章第3節1⑴❸**を参照。

（注12）https://aragon.org/

（注13）https://DAOhaus.club/

（注14）https://www.tally.xyz

と、自動的に提案内容が実行されます。

メンバーが議論やコミュニケーションを図るツールとして、「discord」(注15)というアプリがあります。提案や投票を効率的に行うためのツールとして、「snapshot」(注16)などのサービスがあります。メンバーの貢献度を可視化しトークンを付与するツールとして「Dework」(注17)などのサービスがあります。以下で、意思決定の流れを見てみます。

❶ 提案

意思決定のスタートとして、メンバーやコアチームが何らかの提案を行います。どのようなメンバーがどのような提案をできるか否かはDAOの設計によりますが、提案できる内容としては、例えば、プロダクトやコードの改善提案、プロダクトの諸条件の変更、プロジェクトへの資金援助があります。

プロジェクトへの資金援助とは、メンバーがあるプロジェクトを企画した時に、それを実現するための資金提供をDAOに提案し、それが可決されればDAOから当該プロジェクトへ資金が提供される仕組みです。これはDAOがさまざまなプロジェクトを進めるに当たって非常に有益な方法です。

提案者として、メンバー以外の者が提案できるDAOもあります。また、例えば、プロジェクトへの資金援助を提案する場合には、可決された場合に資金援助が実行されるコード（プログラム）を提出するといったように、提案内容をコード化することが求められている場合もあります。提案内容がコード化されている場合には、可決されると提案内容が自動的に実行されることになります。

DAOにおける提案の仕組みはさまざまですが、質の低い提案が提出されるのを防ぐため、提案するためには、一定数以上のガバナンストークンを保

（注15） https://discord.com/
（注16） https://snapshot.org/#/
（注17） https://dework.xyz/

有していることを条件としている場合などがあります。

❷　**議論**

提出された議論に対しては、DAOのコミュニティでメンバーなどにより議論されます。議論は、DAOが準備したプラットフォームやDiscordのチャットなどのネット上で行われます。

なお、メンバーの支持がそもそも少ない提案を正式な投票にかけるのは非効率的なので、投票にかける前に「温度チェック」と呼ばれる世論調査などを実施して、そこで一定数以上のメンバーの賛成が得られていることを正式な投票の条件としている場合もあります。

❸　**投票**

メンバー間での議論を経た後に、提案に対して、メンバーによる投票による採否が決議されます。決議は、基本的には、トークン保有量に基づいた多数決によります。もっとも決議方法としてはさまざまなものがあります［☞**第３節**］。決議方法としては、投票数の過半数以上の賛成を要するとするものや、３分の２以上の賛成を要するものなどがあります。

投票はブロックチェーンを利用したオンチェーン投票とブロックチェーンを利用しないオフチェーン投票があります。オンチェーン投票はブロックチェーンの特徴である改ざん困難性、透明性、自動化を生かした投票ができますが、ガス代（手数料）が発生することもあり、その場合にはコストがかかります。他方で、オフチェーン投票はそのようなことはありません。一般的に重要な決議についてはオンチェーン投票がされることが多いといえます。

オンチェーン投票がなされる場合には、ブロックチェーンを利用しているため、誰がどのような投票をしたかについて、誰もが見ることができます。ただし、メンバーが匿名を貫いて活動しているのであれば、ある個人の活動であると知ることができても、その個人を特定することは困難です。

また、投票が可決されるためには、一定数以上の投票者が投票することを条件とする「定足数」が定められることもあります。これは、少ない投票数によって提案が可決されることを防ぐためのものです。

❹ 実行

メンバーの投票により決議された内容は、実行に移されることになります。実行する内容がスマートコントラクトに書き込まれている場合には、自動的に実行されることになります。一方、実行する内容がスマートコントラクトに書き込まれていない場合には、人手を介して実行することになります。

投票により可決された後に、一定の「熟慮期間」や「タイムロック」期間を設けて、実行前に投票結果を取り消すことができるものや、コアチームが拒否権を行使できるようになっているものもあります。これは、提案内容がスマートコントラクトとしてブロックチェーン上に一度実装されると、それを変更するのは極めて困難であるため、念のためにそのような期間を設けているものです。

(3) DAOにおける資金管理

メンバーがDAOに払い込んだ暗号通貨は、「トレジャリー（金庫）」または「トレジャリーウォレット」と呼ばれるウォレットに保管・管理されます(注18)。トレジャリーウォレットは、いわばDAOのお財布です。DAOのプロダクトが得た収益もトレジャリーウォレットで保管・管理するのが通常です。また、DAOに提供されたビットコインやイーサだけではなく、DAOが発行するトークン（ネイティブトークン）も、トレジャリーウォレットで管理するのが通常です。このように、DAOの資金管理は基本的にトレジャリーウォレットで行われます。

トレジャリーウォレットに保管・管理される暗号通貨はブロックチェーン上に記録されるため、トレジャリーウォレットに、どのような資産がどれだけあり、資産がどのように使われたかについて、誰もが見ることができます。また、トレジャリーウォレットは、基本的にスマートコントラクトによ

(注18) 暗号資産はウォレットで保管されるため、以下ではトレジャリーウォレットという用語を使用する。

り管理されます。トレジャリーウォレットから資金を移動するためのルールがスマートコントラクトに書き込まれている場合には、それに反する資金移動はできないため、誰かの恣意的な判断で資金を移動させることができません。この点は、従来の会社では、銀行口座の取引履歴が開示されることはないことや、経営陣に対して事前に定めた資金移動ルールを確実に守らせる手段がないことと比較すると大きな違いといえます。

トレジャリーウォレットからの資金移動を人手を介して行う場合には、不正を防ぐため、複数人の承認が必要なマルチシグウォレットが利用されるのが一般的です。

トレジャリーウォレットにはこのような透明性があるため、メンバーは安心して、DAOに資金を払い込むことができます。

トレジャリーウォレットの管理を効率的に行うためのツールとして、「Dework」(注19) や「Safe」(注20) などのサービスがあります。

⑷　DAOの実際の形成過程

以上、DAOの典型的な例を述べましたが、現実的には、最初から完全に分散した型でDAOを運営することは難しいため、DAOの初期段階では、創業者（ファウンダー）やコアチームと呼ばれる組織がアイディアの提案や意思決定をするなどして、組織をリードすることが多くなっています。その意味で、DAOでも、立上げ時や初期段階では中央集権的な組織運営がなされます。そして、ある程度形ができあがった段階で、分散自律的に運営できるように移行していくという道をたどるのが一般的です。UniswapもMakerDAOも段階的にDAOに移行しています。そのような経緯をたどってDAO化した実際の事例は**本章第2節**で紹介していますが、これを「DAO化」と呼ぶこともあります。

もっとも、ある程度成長した後でも、コアチームが運営をリードすると

(注19)　https://dework.xyz/
(注20)　https://safe.global/

【図表1－6】 DAO化の程度

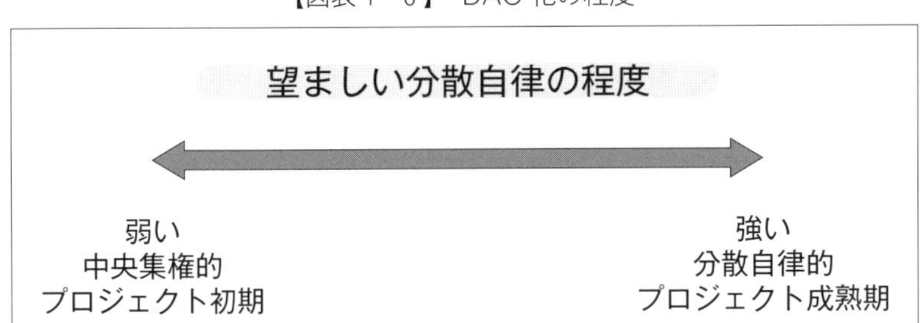

いった中央集権的な要素が残っているDAOもあります。

DAOである以上、完全に分散自律型であるべきという「べき論」もありますが、どの程度分散すればよいのかは、DAOのプロジェクトによってケース・バイ・ケースで判断すべきものであり、プロジェクトによってはある程度の中央集権的な運営がされているほうがよい場合もあります。例えば、プロジェクトの運営に高度の専門性とリソースの投入が必要な場合には、一部に中央集権的な運営を取り入れ、専門家の意見を反映させたほうがよいこともあります。他方で、永続的に存続することを目指すDAOであれば、分散・自律が進んでいるほうが望ましいといえます。また、インフラ的な性質をもつプロジェクトについては、中立性を確保するために分散自律を進めることが考えられます。

4 DAOの歴史

DAOの歴史は始まったばかりですが、以下の歴史をたどって発展してきました。

(1) イーサリアムの登場（2016年）

2013年にヴィタリック・ブテリン氏やギャビン・ウッド氏らによってイーサリアムが開発されました。イーサリアム上の暗号通貨であるイーサの時価総額は、現在、ビットコインに次ぐ第2位となっています。

イーサリアムは、スマートコントラクトを導入し、ブロックチェーン上でプログラムを実行することができるようになりました。これにより、DAOの設立や運営がより容易になり、DAOが誕生するに当たって重要な役割を果たしました。DAOもイーサリアムの開発者であるヴィタリック・ブテリン氏が提唱したものです。

(2) The DAOの設立と解散（2016年）

The DAOは、イーサリアムのスマートコントラクトを利用して、投資ファンドとして運営することを目的として設立されました。2016年4月に11.5億ユニットのトークンの売却がされ、当時史上最大規模の1,200万ETHの資金調達を実現し、約1億5,000万ドル相当ものイーサを集め、多くの注目を集めました。The DAOが発行したDAOトークンはイーサと交換できる仕組みでした。

ところが、2016年6月、ハッカーが、スマートコントラクトの脆弱性を突いて、The DAOから約6,000万ドル相当のイーサを不正に引き出しました。

このハッキング事件の後、イーサリアムコミュニティは対応策を検討し、盗まれた資金を取り戻すため、ハッキング後に形成されたブロックを巻き戻すことにし、そのためにイーサリアムのハードフォークを実行することが決定されました。この判断については激しい議論が交わされ、賛成者と反対者に分かれた結果、イーサリアムはイーサリアムとイーサリアムクラシックという2つの異なるチェーンに分裂しました。

このハードフォークにより、盗まれた資金の大部分が投資家に返還されましたが、この事件の影響から、The DAOは解散されることになりました。

その後、米国のSEC（証券取引監視委員会）が、その調査報告書[注21]において、The DAOのトークン販売は「有価証券の発行だった」と認定しま

(注21) Report of Investigation Pursuant to Section 21(a) of the Securities Exchange Act of 1934: The DAO

した。The DAOのホワイトペーパーによると、DAOトークンの保有者は、プロジェクトで生まれる利益をシェアするとされており、SECは、この点を捉えて、DAOトークンは、有価証券性を判断する「ハーウィテスト(Howey Test)」(①金銭の出資、②共同事業、③利益の期待、④他者の努力に依存)［☞**第2章第6節**］の基準に当てはめると有価証券であるとの判断を示しました。米国証券法では、有価証券を販売する場合には、発行体はSECにregistration statementを提出する必要があるので、DAOトークンが証券に当たると、無登録でのトークン販売は無登録販売として違法となります。

このように、The DAOの事件は、その後のプロジェクトにスマートコントラクトのハッキングリスクや法規制リスクなどの多くの教訓を残しました。

(3) DAOの進化（2016年以降）

The DAOの事件以降、ブロックチェーン技術やスマートコントラクトのセキュリティが強化され、MolochDAOなど、多くの新たなDAOが誕生しました。

(4) DeFiでの利用（2018年以降）

2018年頃から、DeFi（分散型金融）が急速に成長し始め、MakerDAOやUniswapなど、DeFiプロジェクトと関連して多くのDAOが発展しました。

DeFiにおけるDAOは、DeFiプロジェクトの資金管理や意思決定を担い、プロジェクトの持続可能性や透明性を向上させる役割を果たしています。例えば、MakerDAOは、ステーブルコインであるDaiの発行や価格安定を行い、Uniswapは分散型取引所（DEX）を運営しています。

(5) NFT（非代替性トークン）のブーム（2020年以降）

NFT（Non-Fungible Token：非代替性トークン）は、デジタル化したアートやトレーディングカードなどのデジタル資産の帰属先を示す非代替性トークンです。2020年頃から、NFT市場が急速に盛り上がり、DAOもこの市場に参入し始めました。NFTを活用したDAOは、ジェネラティブアートのNFTを利用してコミュニティを形成するなどにより、新たなビジネスモデルや価値創出の方法を提案しています。その例として、四角のメガネで知られるNouns DAOがあります。

(6) DAOの普及と多様化（2021年以降）

2021年以降、DAOは、企業、非営利団体、コミュニティなど、さまざまな分野で活用されるようになりました。DAOの運営についても試行錯誤の末に知見が積み重なり始めています。例えば、新潟県の山古志村では、2021年に、過疎地域グローバルな関係人口を創出する手段としてデジタル住民票としての機能があるNishikigoiNFTを発行し、地方創生のための山古志DAOを運営しています。

このように現時点で10年に満たないDAOの歴史ですが、今後も、技術の進化や新たなニーズに応じて、DAOの形態や活動がさらに多様化・発展していくことが予想されます。

5 DAOの種類

DAOは、どのようなプロジェクトを運営しているかによって、その運営方法が相当程度異なります。どのような種類のDAOがあるのかについて、「DAO Landscape」(注22)では、① Investment DAO、② Grants DAO、③ Collector DAO、④ Protocol DAO、⑤ Service DAO、⑥ Social DAO、⑦ Media DAOという分類をしています（【図表1-7】）。

暗号通貨ポートフォリオを管理ツールのZapper(注23)というサイトでは、DAOを、① Social DAO、② DeFi DAO、③ NFT DAO、④ Service DAO、⑤ Gaming DAO、⑥ Investment DAOに分類しています。

DAOの歴史的な発展経緯から見ると、「DAO Landscape」の分類がわ

（注22）　https://daocollective.xyz/articles/dao-landscape/
（注23）　https://zapper.xyz/ja/daos

【図表1－7】 DAO Landscape 2021

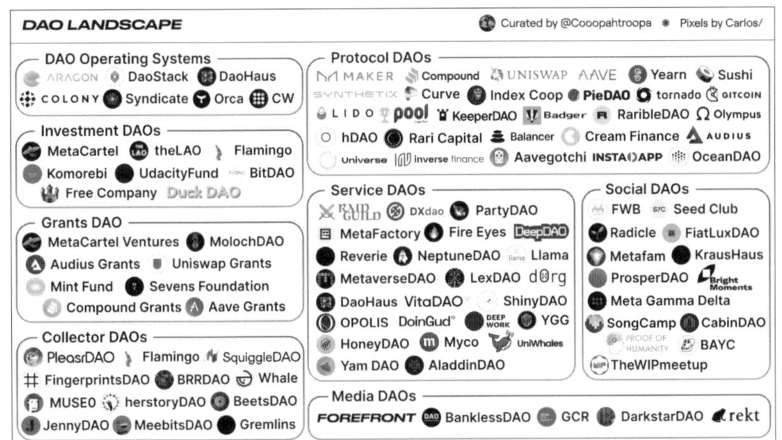

出典：https://coopahtroopa.mirror.xyz/_EDyn4cs9tDoOxNGZLfKL7JjLo5rGkkEfRa_a-6VEWw

かりやすいものの、現時点におけるDAOの利用実態からは、「Zapper」の分類のほうが適切のように思われます。

以下では、DAOの類型について、「Zapper」の分類をベースに、「DAO Landscape」の分類を織り交ぜて解説します。なお、本書では、「DAO Landscape」に記載のないDAOとして⑨地方創生DAO、⑩DeSciを追加しています。

(1) Social DAO（ソーシャルDAO）

Social DAO（ソーシャルDAO）は、メンバー間の交流を目的としたDAOです。例えば、FWB（Friends with Benefits）では、著名アーティストやデザイナーといったクリエイターや経営者をネットワーキングして、世界各地でイベントを開催しています。FWBは、クローズのDAOであり、参加申請が認められた場合にのみ、FWBトークンを購入してメンバーになることができます。メンバーはFWBトークンの保有量に応じて、Discordや各種イベントにアクセスできるようになります。

⑵ DeFi DAO

DeFi DAOとは、DeFiのプラットフォームやプロトコルの開発や維持を目的としたDAOです。DeFiとは、「Decentralized Finance」（分散型金融）の略で、従来の金融機能をブロックチェーンにより分散化するプロジェクトのことです。例えば、Uniswapでは金融機関を通すことなく、ビットコインをイーサに交換することができます。

DeFi DAOは、ブロックチェーンを利用して、Defiの開発・維持に必要な資金を調達し、メンバーが投票を行い、運営や改善に関する意思決定を行います。

DeFi DAOの例としては、MakerDAO、Uniswap、AAVEなどの分散型取引所（DEX）を運営するDAOが挙げられます。これらのDAOは、ガバナンストークンを保有しているメンバーが多く、組織として大規模になる傾向があります。

⑶ NFT DAO

NFT DAOとは、NFTを発行し、そのNFTのエコシステムをサポートするためのDAOです。

例えば、Bored Ape Yacht Club（BAYC）では、ApeCoinを発行して、ApeCoin DAOを運営しています。ApeCoinの保有者は、BAYCのNFTの価値の向上など、そのエコシステムを推進するための資金の分配についての提案と投票をすることができます。

また、NounsDAOでは、四角のメガネが特徴的なキャラクターであるNounsの画像付きのNFTを発行し、Nounsの保有者はNounsDAOの運営に参加することができます。

メタバースに関連するDAOとして、Zapperは、Decentraland DAOをNFT DAOに分類しています。Decentralandは、イーサリアムブロックチェーンをベースにしたメタバースで、メタバース内の土地がNFTとして売買されています。Decentraland DAOでは、ガバナンストークンとして、wMANAを発行し、開発方針、資金の提供先、アイテムの種類を決定しています。

(4) Service DAO（サービスDAO）

Service DAO（サービスDAO）とは、何らかのサービスを提供することを目的としたDAOです。例として、DAOについての検索サービスを提供するDeepDAO（注24）や法律サービスを提供するLexDAOがあります。DeepDAOは、DAOのランキング、DAOのメンバーのプロフィール、DAOの統計データ、投資家のポートフォリオなどの情報を提供しています。

また、「DAO Landscape」でメディアDAOとして分類されているものもサービスDAOの一類型といえます。メディアDAOは、ウェブサイトで情報発信するメディアを運営するDAOです。例として、暗号通貨に関する情報を提供するメディアを運営するBankless DAOがあります。メディアDAOでは、良質な記事を調達するために、メディアに記事を執筆する執筆者に対してトークンを付与する例が多いようです。また、メディアでは閲覧数が増えれば広告収入も増えることから、記事を拡散した者にトークンを付与し、記事の閲覧数を増やそうとしているメディアDAOもあります。

(5) Gaming DAO（ゲームDAO）

ゲームDAOは、ゲームを運営するためのDAOです。ゲームDAOとしては、Axie Infinityのエコシステムを強化することを目的とするAxie DAOがあります。Axie DAOは、ガバナンストークンとしてAXSを発行しています。AXSは、ガバナンストークンとしてだけではなく、ステーキング（注25）して報酬を得ることや、アクシーというゲームキャラクターを繁

（注24） https://deepDAO.io/organizations

（注25） ステーキングとは、保有している暗号通貨を、ブロックチェーンネットワークに預け入れることで、その対価として報酬が得られる仕組みのことを意味する。

殖や購入するための手数料の支払のために利用することができます。

⑹　Investment DAO（投資DAO）

Investment DAO（投資DAO）とは、投資することを目的としたDAOです。メンバーが集まって共同で資金を投資し、投資先の決定やポートフォリオの管理を行います。投資ファンドのDAO版ともいえます。例としては、スタートアップに投資するThe LAOや、NFTに投資するFlamingo DAOなどがあります。

Investment DAOでは、投資先の決定をメンバーが決定します。メンバーは、ブロックチェーン上で発行されたトークンを使用して投票を行い、投資先の決定や投資ポートフォリオの管理を行います。

従来の投資ファンドは、ファンド実務を担うGP（ジェネラルパートナー）と、資金を提供するLP（リミテッドパートナー）から構成され、GPは投資先の選定や決定をする業務を行い、その対価として報酬を受領しますが、Investment DAOではメンバーがその業務を直接行うため、GPが存在しません。

そのため、Investment DAOでは、従来の投資ファンドに比べて透明性の高い意思決定や、低い手数料が可能となります。

⑺　Grants DAO（助成金DAO）

Grants DAO（助成金DAO）とは、プロジェクトに助成金を提供することを目的としたDAOです。プロダクトを作成しているチームや開発者に助成金を渡して、開発を支援します。Grants DAOの例としてはソフトウェアの開発を支援するものが挙げられます。ソフトウェアは、OSS（オープンソースソフトウェア）として無料で公開されることが増えており、そのようなソフトウェアは収益を得ることが容易ではなく、開発や維持に支障が生じることがありました。しかし、OSSの中には有益なソフトウェアもあることから、そのようなソフトウェアの開発・維持を資金面で支援するために、Grants DAOが利用されます。例えば、イーサリアムのエコシステムを改善することを目的としたMolochDAOや、OSS開発の支援を目的としたGitcoinがあります。

Grants DAOは、ブロックチェーンを利用し、メンバーから集めた資金をメンバーが選定したプロジェクトに資金提供します。ブロックチェーンを使うことにより迅速な資金調達の提供、透明性のある資金提供先の選定、資金配分の決定が可能となります。

Grants DAOでは、メンバーは投資からのリターンを期待するものではなく、プロジェクトを支援するために資金提供していることや、助成金を受けた者はDAOに資金を返還したり、利益を分配したりする義務を負わない点がInvestment DAOと異なります。

Zapperでは、Grants DAOをサービスDAOとして分類しています。

(8) Collector DAO（コレクターDAO）

Collector DAO（コレクターDAO）とは、アートやコレクションを購入して共同所有し、その保全や管理することを目的としたDAOです。

例えば、PleasrDAOは、文化的に重要なアイディアやアクションに関連した大口アートを収集しており、エドワード・スノーデン（Edward Snowden）氏のNFTを約6億円（540万ドル）で落札したり、ドージコインのキャラクターの柴犬カボスちゃんのNFTを購入しています。

Collector DAOでは、メンバーが、コレクションとして購入する対象を決定して購入します。多数のメンバーが集まって、共同でアートやコレクションを購入・所有・管理することで、より多くの人々がアートやコレクションの文化価値・資産価値を享受できるようにすることを目的としています。

(9) 地方創生DAO（ローカルDAO）

日本では高齢化と都市化が進み、地方の人口が減少するなどして、その存続すら危ぶまれている地域もあり、地方創生が大きな課題となっています。そのための施策の1つが地方の人口を増やすことですが、定住人口を増やすことは現実的には簡単ではないため、「観光人口」や「関係人口」を増やす

【図表1－8】　関係人口の概念

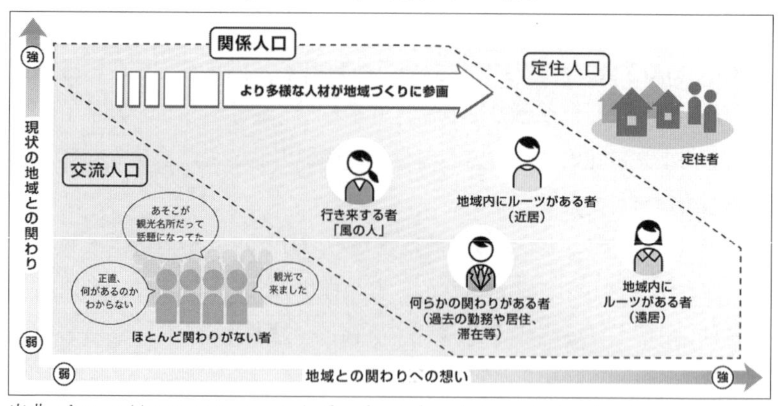

出典：https://www.soumu.go.jp/kankeijinkou/about/index.html

ことで活性化するという方法も考えられています。関係人口とは、地域や地域の人々と多様に関わる人々のことを指します。例えば、都会に住んでいるけれども、オンラインで地方の活動を手伝ったり、休日には地方に滞在して、地方で活動するといった人々です。関係人口が増えれば、地方が活性化することが期待できます。都会の人々も自分の出身地や地方での豊かな自然生活を楽しむことができ、地方の人々は都会の人々が来ることが活性化に役立つので、Win-Winの関係を築けるはずですが、両者を上手に結びつける良い方法が今までありませんでした。そこで、このような関係人口を増やすための手法として、NFTやDAOの活用が考えられています。

地方創生を目的としたDAOとしては、例えば、新潟県の豪雪地帯にある山古志村の山古志DAO（ネオ山古志村）が挙げられます。海外ではこのような 地方創生DAOは見当たらないので、日本発のDAOといえます。

山古志村は中越地震で大きな被害を受け、震災発生当時約2,200人いた地域住民は、約800人となり、高齢化率は55％を超えるようになりました。そのような中、NFTというテクノロジーを活用して山古志村を活性化させることが試みられ、山古志の名産物である錦鯉をテーマにしたnishikigoiNFTを発行し、NFTの保有者を山古志村の「デジタル村民」としています。デ

【図表1－9】 nishikigoiNFT

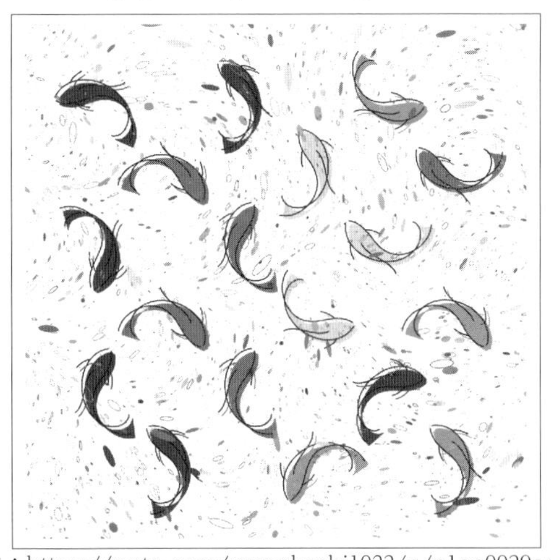

出典：https://note.com/yamakoshi1023/n/n1ae0039aa8a4

ジタル村民とリアル村民が山古志村を活性化するための議論をしたり、デジタル村民が山古志村に「帰省」するというイベントを開催することで、デジタル村民という関係人口を増やし、山古志村の活性化を図っています。

地方創生DAOは、これまでうまく進まなかった地方創生の新たな切り札として期待されます。

⑽ DeSci（分散型科学）

分散型科学（DeSci）とは、ブロックチェーンを活用して分散型のガバナンスを基盤とした民主的なサイエンスシステムを形成することをいいます。科学者やITエンジニアがDAOのメンバーとなって、DAOが研究資金の助成、論文の発表の場、科学者のコミュニティの役割を果たします。

科学分野では権威主義や非民主的な運営が問題になることがあります。また、科学研究の商業化が進み、長期的な研究に資金を集めることが困難な状況となっています。

このような問題を解決するため、DeSciは、DAOの仕組みを利用して、研究者への研究資金の提供、知識の共有、共同研究の促進、利益追求を目的とする出版社からの脱却などを図っています。

DeSciでは、資金面ではGrantsDAOと同様の仕組みで、支援者が研究者に対して資金援助します。もっとも、DAOは、資金援助を支援するだけではなく、例えば、研究データを管理したり、技術の特許化を支援することも考えられます。

また、現在、論文の査読料は無報酬であるのが一般的ですが、DeSciにおいては暗号資産で報酬が支払われることがあります。

DeSciによって支援された研究が利益を得られるようになった場合には、得られた利益は研究者、支援者に貢献度に応じて分配することが考えられます。

このようにDAOを活用することで、研究資金が十分でなかった分野にも研究資金が投入され、科学コミュニティの民主化が進み、科学が発展することが期待されます。

このようにDAOは多種多様であり、すべてを単純に一まとめにして論じられないことがわかります。

例えば、Investment DAOは、リターンの獲得や投資先の決定についての透明性が重視されますが、分散化やメンバーの拡大は重要でない場合があります。DeFi DAOでは、プロトコルがインフラとしてスムーズに機能することに重点が置かれ、プロトコルの永続性、分散性、中立性が重視される傾向にあります。地方創生DAOは、非営利目的であり、メンバー同士のコミュニティの活性化や透明性が重視される傾向にあります。このように、DAOには共通部分もあるものの、DAOの種類によって特徴が大きく異なるため、DAOについての議論は、そのDAOの内容を踏まえなければ的外れなものになる点に注意が必要です。

6 DAOの構成要素

DAOは、メンバーがガバナンストークンに付されている投票権を行使することで意思決定がされます。また、DAOの運営には、実際にはメンバー以外のさまざまな関係者が関わっています。そこで、本章では、トークンとDAOの関係者について解説します。

(1) トークン

トークンという用語にも確立した定義はありませんが、Web3の世界では、ブロックチェーン上で発行されたデジタルアセットを意味するものとして使われています。もっとも、法律的には、トークンはデジタルデータにすぎず、それ自体が財産ではなく、トークンに機能や法的権利を紐付けることによって、あたかもトークンが財産のように見えているだけである点に注意が必要です。そのため、トークンを厳密に定義すると「ブロックチェーン上で発行されたデジタルデータで、何らかの機能や権利と紐付いたもの」といえます。

トークンは分散型アプリケーション（dApps）やプラットフォーム間でさまざまな機能や価値交換を可能にする上で重要な役割を担っています。

トークンの分類として定まったものはありませんが、機能に着目した大きな分類として、①決済手段としてのトークン、②権利を表章するトークン、③ユーティリティトークンの３つに分けることができます（【図表１-10】）。

決済手段としてのトークンは、支払や交換に使用できるトークンであり、ⓘ法定通貨と価値が連動しない暗号通貨（多くの場合、暗号資産として規制される）とⓘⓘ法定通貨と価値が連動するステーブルコイン（多くの場合、前払式支払手段または電子決済手段として規制される）に分けられます。

権利を表章するトークンは、有体物（不動産・動産）や無体物（知的財産権）への所有権その他の権利を表章するものと、契約に基づく他者への債権を表章するものとがあります。権利の内容に着目した分類方法として、ⓘ他

【図表１-10】　トークンの分類と例

種類	決済手段としてのトークン	権利を表章するトークン	ユーティリティトークン
どのようなトークンか	支払いや交換に使用できるトークン	有体物もしくは無体物への権利または債権を表章するトークン	その他のトークン
例	暗号通貨（暗号資産） ステーブルコイン（前払式支払手段、電子決済手段）	セキュリティトークン（有価証券） アセットトークン（不動産、動産、知的財産、債権）	システム等の利用で消費されるトークン 資格証明のためのトークン

者が事業活動を行うことでトークン保有者に投資リターンを得させることを目的とするセキュリティトークン（注26）と、ⅱ所有権、債権その他の権利を表章するだけのアセットトークンに分けられます（注27）。

ユーティリティトークンは、当初、暗号通貨でもセキュリティトークンでもないものを指す語句として用いられていましたが、多様なものを含みます。ⅰシステム等の利用で消費されるトークンやⅱ会員資格を示す資格証明のためのトークンもこれに含まれます。DAOの運営について投票などができる機能があるガバナンストークンは、ユーティリティトークンの一種であるといえます。

なお、トークンの分類として、各トークンが同一性と交換可能性をもつファンジブルトークン（Fungible Token）と、各トークンごとに固有であり代替性のないノンファンジブルトークン（Non-Fungible Token、NFT）と

（注26）　多くの場合、有価証券として規制される。有価証券に該当するものをセキュリティトークンと呼ぶことも多いものの、トークンが有価証券に該当するかは法域によって異なり得るため、本書では典型的に有価証券に該当し得るものをセキュリティトークンとしている。

（注27）　セキュリティトークンも権利を表章するため、広い意味ではアセットトークンと考えられるが、権利との結びつきが直接的であるものがアセットトークンと呼ばれる傾向にある。

いう分け方もあります。これはトークンの機能とは異なる視点の分類となりますが、NFTはその固有性からアセットトークンやユーティリティトークンのうちⓘ資格証明のためのトークンに使われやすい性質をもっています。

トークンは、ネットワークへの貢献、ステーキング、流動性の提供など、ユーザーの参加にインセンティブを与えるために使用することができます。また、Web3のプロジェクトでは、資金調達のためにトークンを使用することが多く、トークンを発行・売却することで資金調達をすることが行われています。

トークンはWeb3のエコシステムにおいてさまざまな役割を果たしており、さまざまなプロジェクトやアプリケーションで価値交換や参加を可能にします。Web3が進化を続ける中、トークンは分散型インターネットに不可欠な要素であり続けるでしょう[注28]。

日本では、トークンに関する用語として「暗号資産」が使われることがあります。「暗号資産」という用語について、日本の法律では、資金決済に関する法律（以下、「資金決済法」という）2条5項において暗号資産が定義されており、ビットコインやイーサ（イーサリアムの暗号資産としての単位・呼称）もこの定義上、この暗号資産に当たります。かつては、ビットコインやイーサは「仮想通貨」と呼ばれていましたが、資金決済法の定義が変更されたことにより、現在は「暗号資産」と呼ばれることが多くなりました。他方で、資本決済法は、ステーブルコインのうち、法定通貨によって担保されているデジタルマネー類似型のものについては、「電子決済手段」であり、暗号資産に当たらないしています。

このように、世の中での暗号資産の使われ方と法律における暗号資産の厳密な定義にはずれがあります。最近では、世界的にはステーブルコインでの取引も増えていますが、「暗号資産」という用語を使うと、そこにステーブルコインが含まれているのか明確ではありません。そこで、本書では、暗号

（注28）「コイン」はビットコインやイーサリアムなど独自のブロックチェーンをもつものを指し、「トークン」は既存のブロックチェーンを利用して発行されているものを指すとして両者を使い分けることがある。

資産と電子決済手段の両方を含むものを、米国ではcrypto currencyと呼ぶことに倣って、「暗号通貨」と呼ぶことがあります。

(2) ガバナンストークン

トークンはインセンティブとして利用できますが、Web3の世界では、ガバナンストークンを、創業者や投資家だけではなく、プロジェクトのユーザーにも配ることがあります。

従来の会社では、プロジェクトが成功すれば、それによる利益は株主と会社の役員・従業員に配分され、株主でも役職員でもないユーザーにはまったく配分されません。例えば、YouTubeに動画をアップロードしている人やApple製品の熱狂的ファンで昔からApple製品を買い続けた人は、YouTubeやAppleの成長に貢献しているにもかかわらず、YouTubeやAppleの成長による恩恵を利益分配という形では受けていませんし、むしろ、それが当然とされていました。

しかし、DAO（あるいはWeb3のプロジェクト）においては、プロジェクトに貢献したユーザーにも一定の配分をすべきだという思想があり、ユーザーにトークンを配布し、プロジェクトによって得られた利益をユーザーにも還元することが行われています。ユーザーとしても、トークンの価値が上がれば、自分にもメリットがあるため、プロジェクトを成功させるためにプロダクトを使い続けたり、SNSで拡散したりするなど頑張るインセンティブが働きます。

このように、DAOでは、インセンティブをユーザーに配布することで、ユーザーにとってもプロジェクトが「自分事」となり、貢献するインセンティブが働くことになり、プロジェクトを成功に導きやすくなります。

他方で、トークンを付与することで、投機を目的としたメンバーが参入してトークン価格が乱高下して、本当にプロダクトを利用したい人が利用できないといったことや、コミュニティが破壊されたり、善意で活動している人のインセンティブを削ぐこともあります。

トークンをどのように使うかというインセンティブ設計は、DAOのコミュニティがどのような性質なものであるかによって大きく変わってきます。トークンが市場で売買されるような場合には、トークンはあたかも株式のような経済的価値があるものとなり、トークンを配布することでユーザーの金銭的インセンティブを刺激し、活発な活動を引き出すことができ、それによりDAOのエコシステムが大きく発展することも考えられます。他方で、投機目的だけのユーザーも参加する可能性が高まるので、経済的成功を目的としないDAOでは、コミュニティの趣旨に合致せず、メンバー間の対立につながることもあり得ます。したがって、トークンをどのように使うかは、DAOの性質を踏まえた上で設計する必要があります。

(3) DAOの関係者

プロジェクトの管理や組織運営には人手が必要ですが、それは、メンバー、創業者、コアチーム、DAOのプロジェクトに貢献する者、業務を受託する者などが担うことになります。ここでは、DAOに関係する人々について簡単に説明します。

なお、これらの用語についても確立したものはなく、DAOによってさまざまな名称が使われていますが、本書においてDAOを説明するために使用する用語として紹介するものです。

❶ 創業者（創業チーム。ファウンダー）

DAOのプロジェクトを立ち上げる創業者やチームのことです。

❷ コアチーム

DAOを運営する中核的メンバーからなるチームです。創業者がコアチームになることも多いですが、創業者がプロジェクトから離れて、創業者でない者がコアチームを形成することもあります。創業者、コアチームは、一定数のガバナンストークンを保有しますが、これが譲渡可能な場合、ガバナンストークンが値上りすれば経済的なリターンを受けることができ、彼らのインセンティブにもなります。

❸ コントリビューター

DAOの趣旨に賛同して、DAOの運営に貢献する者です。例えば、プログラムのアップデートやメンテナンスを行ったり、DAOの事務作業を担当する者がこれに当たります。貢献に対して、報酬をもらう場合もあれば、無報酬の場合もあります。コントリビューターに対しては、その貢献に対して、トークンが付与されることも多いです。コントリビューターとしては、トークンが譲渡可能な場合、プロジェクトの価値が上がればトークンの価値も上がるので、貢献するインセンティブが働くことになります。

DAOではいかにコントリビューターを引きつけるかが重要となります。

❹　コントラクター

DAOから業務委託を受け、報酬をもらってDAOの業務を行う者です。DAOの業務の外注を受ける者です。コントリビューターとコントラクターの用語について、特に確立しているとはいえないですが、本書では、コントラクターとは、DAOの趣旨に賛同するか否かとは無関係に商業ベースでDAOの仕事を請け負う者のことを意味するものとします。

❺　キュレーター・アドバイザー

メンバーが決定を行うに当たって助言をする者です。例えば、Collector DAOにおいて、どのようなアートNFTを購入すればよいかについて、アートNFTについて詳しくないメンバーに対して、専門的知識をもつキュレーターがアドバイスをすることがあります。キュレーター・アドバイザーの助言により、メンバーはより適切な判断ができるようになることが考えられます。

❻　メンバー

DAOの構成員です。通常、DAOのガバナンストークンを保有し、DAOの運営についての提案や、投票などを行って、DAOの運営に関与します。創業者、コアチーム、コントリビューターもメンバーであるのが通常です。

❼　ユーザー

DAOのプロジェクトの利用者、すなわち顧客です。DAOでは、ユーザーに対してガバナンストークンを付与することで、ユーザーによるプロジェクトの利用や拡散を促し、プロジェクトの拡大を目指すことがあります。ユーザーがガバナンストークンの保有者となれば、メンバーになることになります。

プロジェクトの価値が上がればガバナンストークンの価値が上がり、これが譲渡可能である場合にはユーザーは経済的利益を得ることができるため、ユーザーには、プロジェクトの価値を上げるために、自らが積極的に利用したり、SNSで拡散するといったインセンティブが働きます。

❽ 投資家

DAOのプロジェクトに投資をするベンチャーキャピタルなどの投資家がいる場合もあります。従来、投資家は株式に対して投資をしていましたが、DAOのプロジェクトの場合には、DAOの運営会社（もしあれば）の株式を取得する方法と、トークンを取得する方法の2つの方法があります。トークンを取得する投資家は、初期のDAOのトークンが安い値段のうちに取得し、その後のプロジェクトの成長によりトークンの価値が上がることを狙います。

(4) DAOにおけるコミュニティの活性化

DAOにおけるコミュニティの重要性はいうまでもなく、DAOの成功はコミュニティ運営の巧拙にかかっているといっても過言ではありません。コミュニティマネージャーというコミュニティを活性化させる役割を持つ者を設けているDAOもあります。また、コミュニティコールといわれる定期的なオンラインでの会合やAMA（Ask Me Anythingの略）と呼ばれる質疑応答の場を設けることもあります。もっとも、コミュニティの熱量の維持は大変であり、多くのDAOでは、どのようにコミュニティの活性化を図るかに頭を悩ませています。多くのDAOにおけるコミュニティの失敗は、コミュニティ構築の技術面やWeb3面に重点を置きすぎていることが指摘されています[注29]。

メンバーがコミュニティに参加し続ける理由は、それがWeb3だからで

（注29） https://coinvise.substack.com/p/the-single-reason-most-tokenized?utm_source=substack&utm_medium=email

はなく、コミュニティに参加することが1人では解決できない課題を解決できるという安心感があるからと考えられます。

コミュニティの運営については以下が指摘されています(注30)。

・成功するコミュニティは、問題解決に重点を置いている。

・コミュニティが活発でない場合はWeb3側に問題があるのではなく、解決しようとしている課題に問題がある場合が多い。

・コミュニティは、①痛みを伴う問題を解決する、②緊急の問題を解決する、③認識されている課題のいずれかを解決しようとすることが必要である。

このように、まず、課題をコミュニティによって解決することに注力することがDAOを成功させることにつながると考えられます。

また、そもそも多くの人にとってWeb3の入口段階はハードルが高いので、ウォレットをもっていない人など暗号資産を取り扱ったことがない人を巻き込む場合には、UX/UIの考慮や、メンバーに対する情報提供・教育をすることも考慮に入れる必要があります。

7　DAOの経済的分析

これまで、DAOの特徴やメリット・デメリットを見てきました。それらの観点からDAOの組織としての存在意義を見い出すことができますが、経済的な観点からDAOの存在意義を見い出すこともできます。

イギリス生まれの経済学者であるロナルド・コース（Ronald Harry Coase）は、「取引費用の理論」を提唱し、これにより1991年にノーベル経済学賞を受賞しました。

取引費用とは、商品やサービスを交換するために必要な費用のことで、市場取引における費用で、具体的には、情報収集や契約の締結、交渉や監視、紛争解決にかかる費用などを意味します。

（注30）　前掲（注29）参照。

理論的には、市場メカニズムの下で最も効率的な結果がもたらされるはずですが、現実には市場メカニズムが必ずしも効率的な結果をもたらしてはいません。その理由について、コースは、取引費用が高い場合、市場取引では効率的な結果が得られないことを指摘しました。例えば、市場において商品を購入する場合、消費者は商品の情報を収集し、販売業者と交渉し、契約を締結し、商品を監視する必要があります。これらの活動には時間や労力、費用がかかります。さらに、商品の欠陥が発生した場合には、消費者は販売業者との紛争解決にも費用を負担しなければなりません。

これに対し、企業を設立し、従業員や設備などのリソースを自社内に組織化して市場取引を避ければ、取引費用を削減できます。例えば、商品の生産から販売までのすべての過程を企業内で行うことにより、商品の品質管理や流通コストを効率的に管理できます。また、人的リソースを従業員として雇用すれば、外注先に依頼するよりも効率的に労働力を利用できます。

コースの取引費用の理論は、「なぜ企業が存在するか」という問いに対して、市場取引には取引費用があることから、それを削減するために各種のリソースを内部化しようとすることが、企業が存在する理由であることをうまく説明するものであるといえます。

以上の通り、現代の株式会社は、取引費用を削減するために、自社内に従業員や設備などの資源を高度に組織化したものといえますが、ブロックチェーンによりトラストレスな取引ができ、スマートコントラクトにより契約が自動的に実行できる世界では、取引費用は低下し、従業員や設備などのリソースを内部に組織化する必要性が減ります。それゆえ、従業員や設備などのリソースを自らはもたずに、それをメンバーやコントラクターに担わせるDAOという存在に合理性が出てきたともいえます。また、取引費用の理論からすれば、ブロックチェーンやスマートコントラクトの利用により取引費用が低い取引については、自社内に組織化せずに、外部のリソースを利用したほうがよいことになります。

このようにDAOの経済的合理性は「取引費用の理論」によって説明することも可能といえます。

第2節　DAOの具体的事例

本節では、DAOについての具体的イメージをもってもらうために、実際に活動しているDAOの概略とガバナンスの仕組みについて解説します。

1 MolochDAO

(1) MolochDAOとは

MolochDAOは、2019年にAmeen Soleimaniによって立ち上げられたイーサリアムブロックチェーン上で運営されるオープンソースのDAOであり、古代の神モロク（Moloch）にちなんで名付けられました。MolochDAOは、主にイーサリアムのインフラ構築のための開発資金調達サポートを目的としています。

MolochDAOは、DAOの仕組みを利用して、資金をプールし、その資金使途をメンバーの投票によって決定することで、イーサリアムのインフラ構築の開発に対するインセンティブを与えています。

MolochDAOは、ギルドバンクと呼ばれる資金プールを持ち、そこにメンバーからの拠出金や寄付金が保管されます。ギルドバンクの資金は、プロジェクトへの資金提供や報酬支払に使用されます。

MolochDAOのメンバーになるには、既存のメンバーによる提案が必要です。既存メンバーが、メンバー候補者の新規加入を提案し、これに対して、メンバーが、候補者の評判、貢献度、組織にもたらす価値などを判断の上、投票をして加入の可否を決定します。

メンバー候補者が入会を承認されると、資金をギルドバンクに拠出し、そ

【図表１-11】 MolochDAOのウェブサイト（トップページ）

出典：https://molochdao.com/

れと引換えに、投票権を受領します。この投票権は譲渡できません。メンバーは、この投票権に基づいて、メンバーが提案したギルドバンクの資金使途を決定します。

⑵ MolochDAOのガバナンス（注31）

MolochDAOのガバナンスの仕組みは次のようになっています。

❶ 意思決定プロセス

MolochDAOでは、メンバーに限らず誰もが、プロジェクトへの資金提供、新メンバーの追加、DAOのパラメータの更新など、さまざまな目的のために提案を提出することができます。

その提案について、メンバーの誰かがスポンサーになると、その提案は投票のための待機状態に入ります。メンバーだけが提案のスポンサーになることができ、スポンサーになるには1 WETH（Wrapped ETHの略。ERC20の規格に準拠している）の提案保証金が必要とされます。この提案保証金は後述の猶予期間経過後に全額返還されます。提案は、待機状態になってから一定期間経過後に投票にかけられます。投票には7日間の投票期間が設けられ、メンバーはその間に投票することができます。提案が承認されるには、

（注31） MolochDAOにはバージョン1とバージョン2があり、本書では新しいバージョン2について説明する。

【図表1-12】 MolochDAOの意思決定プロセス

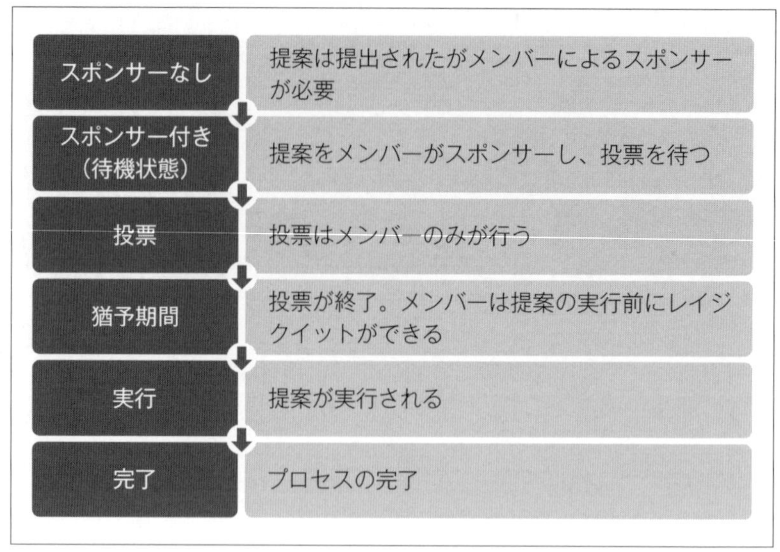

反対票を超える賛成票が必要です。投票プロセスは、スマートコントラクトを用いて自動化されており、透明性が確保されています。

決議には定足数は設けられていません。定足数が設けられていないのは、後述するように、MolochDAOでは、メンバーは「ragequit」（怒りの退出）をすることが認められているため、少数の賛成票により不当な決議がされることを防ぐための仕組みである定足数を定める必要がないからだと説明されています。

提案が承認され、ragequitのための7日間の猶予期間が過ぎると、承認された提案は実行に移されます。

❷　レイジクイット（ragequit、怒りの退出）

提案が承認された後、その決定に反対する投票をしたメンバーは、「ragequit」（怒りの退出）を選択できる猶予期間があります。この猶予期間は7日間です。ragequitすることで、反対意見のあるメンバーは、残りのメンバーのシェアに影響を与えることなく、DAOの資金のシェアを引き出すことができます。この仕組みは、決定に強く反対するメンバーが退場する選択肢を与えることで、メンバーの自主性が尊重されると同時に、DAO 内の調和を保つのに役立ちます。

❸ レイジキック（ragekick）

メンバーは、悪意のあるメンバーを除名する提案をすることができます。この提案は通常の提案を同じプロセスで投票にかけられ、可決されると対象となったメンバーは除名されます。MolochDAO は、これを「ragekick」(怒りのキック) と呼んでいます。

MolochDAO のガバナンスシステムは、シンプルさとメンバーの参加に重点を置いています。MolochDAO は、多数決の仕組みによってメンバーが直接意思決定に影響を与えることを可能にし、意見が対立した場合には退出する選択肢を提供することで、従来の資金調達モデルと比較して、より効率的で透明性の高い意思決定プロセスを実現しています。このアプローチは、さまざまな DAO に影響を与えることになりました。

2 Gitcoin

(1) Gitcoin とは

Gitcoin は、2017年に設立され、オープンソースソフトウェア開発にインセンティブを与え、開発者コミュニティ内のコラボレーションを促進することを目的とした、イーサリアムブロックチェーン上に構築されたプラットフォームです。

Gitcoin は、開発者やデザイナーなどをプロジェクトと結びつけることや、懸賞金や助成金などを通じてオープンソースソフトウェアの開発プロジェクトの資金調達を促進することで、開発者とプロジェクトが発展するためのエコシステムを形成しています。

Gitcoin では、バグ修正、機能開発、デザインの改善など、特定のタスクに対して懸賞金を出すという懸賞金制度（バウンティ）を設けています。開発者は、自分のスキルや興味に合った懸賞を検索し、タスクを成功させると、暗号通貨の形で懸賞金を受け取ることができます。この懸賞金制度は、オープンソースプロジェクトが優秀な貢献者を集め、維持するのに役立つと同時に、開発者に金銭的なインセンティブを提供しています。

また、Gitcoinでは、プロジェクトはプラットフォーム上で個人からの寄付を受けることができますが、それに加えて、四半期ごとに開催される資金調達イベント（Gitcoin Grants Round）でマッチングプールと呼ばれるGitcoin公式の資金プールから資金提供を受けられます。

Gitcoinは、オープンウェブプロジェクトに資金を割り当てるために、「Quadratic Funding」(注32)と呼ばれる仕組みを使っています。これは、スポンサーから資金提供された金額に、自らの助成金を追加することで、オープンソースプロジェクトへの資金提供を促進するというものです。これにより、コミュニティから広く支持されているプロジェクトは、より多くの資金を受け取ることができます。

Gitcoinは、開発者、デザイナー、オープンソース愛好家による活発なコミュニティの構築に重点を置いており、ディスカッションフォーラム、ワークショップ、教育リソースなど、ネットワーキング、コラボレーション、学習のためのさまざまなツールや機能を提供しています。また、Gitcoinは定期的にハッカソンを開催しており、世界中の開発者が集まってオープンソースプロジェクトに取り組み、新しいスキルを学び、賞金を競っています。これらのハッカソンは、オープンソースのエコシステムにおけるコラボレーション、知識の共有、コミュニティの構築を促進しています。

Gitcoinは、ガバナンスと意思決定を段階的に分散化するために、GitcoinDAOを導入しました。そして、段階的な分散化の最初のステップとして、1億個のGTCと呼ばれるガバナンストークンを発行し、そのうち15%をユーザーに、35%をステークホルダーに、50%をGitcoinDAOに分配し

(注32)　Quadratic Fundingとは、貢献者の数と調達した資金の合計に基づき、数式を使ってプロジェクトへの資金配分を最適化する資金調達モデルである。イーサリアム創始者のヴィタリック・ブテリンらによる公共財への資金配分手法に関する論文で取り上げられている。

【図表1-13】 GitcoinDAOのウェブサイト（トップページ）

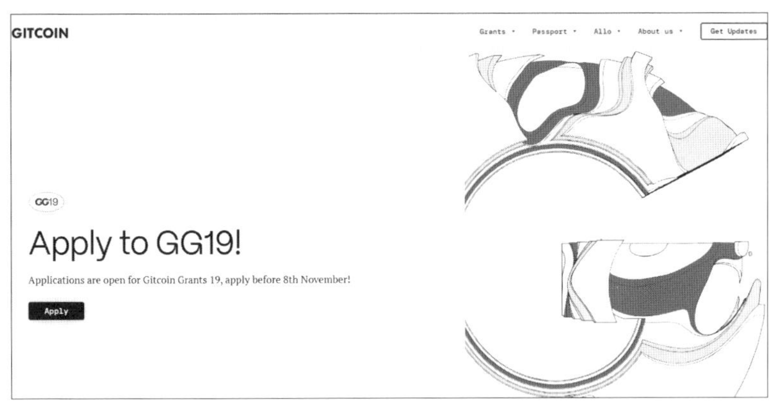

出典：https://www.gitcoin.co/

ました。

⑵ GitcoinDAOのガバナンス

GitcoinDAOのガバナンストークンはGTCです。Gitcoinのガバナンスシステムの仕組みは次のようになっています（注33）。

❶ 意思決定プロセス

GTC保有者（メンバー）は、Gitcoinに関する提案を提出し、議論し、投票することができます。提案できる対象は、プラットフォームの変更、資金調達の決定、Gitcoinコミュニティに影響を与える事項など多岐にわたります。

通常、提案は、①資金提供に関する提案、②承認に関する提案、③ガバナンスに関する提案の3つのカテゴリーのいずれかに分類されます。

提案は、投票にかけられる前に、コミュニティによるレビューとコメントを受けるため、フォーラムの適切なカテゴリーに投稿されます。提案に対して、投稿後の少なくとも5日間、レビューとコメントのための期間を設けな

（注33） https://gov.gitcoin.co/t/gitcoin-dao-governance-process-v3/10358。なお本文のガバナンスの仕組みはバージョン3のものである。

ければなりません。また、提案内容やワークストリームと無関係のスチュワード［☞❷］5名以上から意見を聴く必要があります。レビューとコメントは、コミュニティが提案について十分な情報に基づいた決定をし、何が決定され、何が行われ、なぜ行われたのかについて透明性を確保するために、Gitcoinの公式フォーラムで行われます。

そして、提案に対するレビューとコメントが終了すると、メンバーによる投票がされます。投票権はGTCの保有数に応じて与えられます。メンバーは、自分で投票することも、スチュワードに投票権を委ねることもできます。これにより、ガバナンスに直接参加する時間や専門知識がないメンバーでも、スチュワードの力を借りて、ガバナンスに参加することができます。

投票にはブロックチェーンを使わないオフチェーン投票と、ブロックチェーンを使うオンチェーン投票の2種類があります。

オフチェーン投票は、重要ではない提案について行われ、Snapshotというアプリをつかって行われ、投票期間は5日間です。

オンチェーン投票は、GTCのトレジャリーウォレットからの移動、DAOの重要な変更といった重要な提案について行われ、Snapshotでの投票に加えて、Tallyというアプリを使って行われます。投票期間は5日間です。

提案が決議されるためには、最低250万GTCの投票という定足数を満たす必要があります。

❷　ワークストリーム

GitcoinDAOは、資金調達、ガバナンス、トークン経済などの分野ごとにワークストリーム（Workstreams）と呼ばれる組織を設けています。ワークストリームは、Gitcoinエコシステム内の特定の課題やイニシアチブに取り組むために協力するコントリビューターのグループです。誰でもフォーラムに投稿することで、ワークストリームを開始することができます。もっとも、予算に関する正式な提案がなされてはじめて、ワークストリームは公式なものとなります。

各ワークストリームには、グループをリード・調整する責任を負う「スチュワード」と呼ばれる人がいます。スチュワードは、メンバーが自発的に応募してなります。

ワークストリームは、プラットフォームのアップデートや助成金の配分決定などの提案を作成します。ワークストリームに対しては、自動的に資金が提供されるわけではなく、資金を希望するワークストリームは、資金提供を提案し、メンバーの投票による承認を得る必要があります。ワークストリームに資金が投入されると、CSDO [☞❸] に参加することが可能となります。

❸ CSDO

Cross Stream DAO Operations（CSDO）は、Gitcoin DAO の日常的な運営をするためのチームです。

CSDO は、DAO 全体の方向性を定めて、ワークストリーム間を調整するための基盤を作ることを目的としています。CSDO は、各ワークストリームから 2 名ずつ選出されたメンバーで構成され、毎週開催され、DAO 全体の意思決定が確実に行われるようにする役割を担っています。

3 MakerDAO

(1) MakerDAO とは

MakerDAO は、2014年に設立されたイーサリアムブロックチェーン上のオープンソースプロジェクトで、ステーブルコインである Dai の発行・管理をしています（注34）。MakerDAO は、ステーブルコインである Dai と、ガバナンストークンである MKR を発行しています。MakerDAO では、MKR 保有者が、その議決権を通じて主要なパラメーター（例：安定化手数料、担保タイプや担保比率など）を決定して、Maker プロトコルを管理しています。

（注34） ホワイトペーパーは、https://makerdao.com/ja/whitepaper/ を参照。投票については、https://manual.makerdao.com/governance/voting-in-makerdao/practical-guide-voting を参照。

Daiとは、米ドルとペッグ（交換レートを一定に保つこと）した暗号通貨担保型ステーブルコインです（1Dai＝1米ドル）。ステーブルコインであるDaiはボラティリティが低い（大きく価格変動しない）ため、決済に利用するのに向いています。

ユーザーは、イーサリアムの暗号通貨などを「Vaults」（保管庫）にロックすることと引換えにDaiを生成します。Daiは、ロックされた暗号通貨によって担保されることになります。Dai所有者は、自身が生成したDaiを返却し、さらに安定化手数料を支払うことで、担保に入れた暗号通貨を自分のウォレットに取り戻すことができます。

なお、ユーザーが担保として提供した暗号通貨の価値が一定の金額を下回ると、システムは自動的にその暗号通貨を売却してDaiを買い戻して清算します。

従来、MakerDAOは、Maker Foundationという組織が立ち上げて運営し、個人やサービスプロバイダーで構成された「DAOチーム」がMakerDAOにサービスを提供していました。このDAOチームのメンバーは独立した事業者であり、Maker Foundationに所属しておらず、雇用もされておらず、あくまでサービス提供者でした（注35）。

このように、MakerDAOは、DAO自体と運営組織が分かれている二重構造をとっていましたが、Maker Foundationは、MakerDAOに運営権を段階的に移行し、MKR保有者による投票を経てMakerDAOへの運営の移行を完了しました。そして、MakerDAOが完全に単独で管理できるようになれば、Maker Foundationは解散するとされています。

MakerDAOが分散化を最優先課題として進める理由について、「分散化は、ユーザーがDeFiへ十分かつ公平にアクセスできるようにするために必

（注35）　DAOチームメンバーの役割の一例としてガバナンスファシリテーターという役割があり、コミュニケーションの基盤とガバナンスのプロセスのサポートを担うものとされ、また、リスクチームメンバーという役割があり、Makerガバナンスをサポートするために金融リスクの研究や、新しい担保のオンボーディングおよび既存の担保の規制に関する提案を担うものとされていた。

【図表1－14】 MakerDAOのウェブサイト（トップページ）

出典：https://makerdao.com/

要な、信頼および透明性を提供する際の、中核となっているからです。Daiが安定した公平なステーブルコインとして成功し続けるために、そしてプロトコルがその規模を拡大していき、長期にわたって利用されるためには、Makerシステムのガバナンスは、オープンかつ、全てのステークホルダーの利益と一致している必要があります」と述べられています(注36)。

(2) MakerDAOにおけるガバナンス

MakerDAOのガバナンスは、MKRトークン保有者によって行われ、そのガバナンスシステムの仕組みは次のようになっています。MakerDAOのガバナンスは、ブロックチェーンを使ったオンチェーンガバナンスとブロックチェーンを使わないオフチェーンガバナンスがあります。

❶ オンチェーンガバナンス

MKR保有者は、リスクパラメーターの変更、担保の種類、新機能の追加、

(注36) https://blog.makerdao.com/ja/foundation_dissolution/

システムのアップグレードなどのプロトコルに関する提案をすることができます。なお、MKR保有者だけでなく、誰でもMKR投票の提案を提出できます。

これらの提案に対して、MKR保有者はオンチェーン投票により決議します。どの決議形式によるかは提案によって異なりますが、保有しているMKRの数によって決定され、投票者の頭数は考慮されません。

MKR保有者は、自分自身で投票するだけでなく、認定された第三者に投票権を委任することもできます。認定された受任者は、MakerDAOのガバナンス・ファシリテーターによってリストに登録されています。

MakerDAOでは、専用のガバナンスポータルが提供されており、MKRトークン保有者はここで投票や委任を行うことができます。また、ガバナンスポータルでは、過去の提案や投票結果を閲覧することも可能で、透明性が保たれています。

オンチェーン投票には、ガバナンス世論調査（Governance Poll）とエグゼクティブ投票（Executive Voting）の2種類があります。ガバナンス世論調査は、コミュニティの意見の大まかなコンセンサスを得るために実施されます。ガバナンス世論調査の投票方式としては、二者択一投票、即時決選投票、認定投票(注37)などさまざまです。また、投票期間もさまざまですが、最も一般的な投票期間は、3日間と14日間です。提案は誰でもできますが、標準化と質の確保のため、ガバナンスファシリテーターだけが公式ガバナンス・ポータルサイトに表示される提案をすることができます。

エグゼクティブ投票は、Makerプロトコルの技術的な変更について承認するか否かを決議するために行われます。誰もがエグゼクティブ投票の提案を提出できますが、投票の内容は、関連するコアユニットが安全に変更できるかをチェックして決定します。決定がされると、プロトコルエンジニアリングコアユニットが提案を反映したスマートコントラクトを作成します。

エグゼクティブ投票は、Maker Protocol Governance Contractに

(注37)［認定投票については、☞第3節3(2)❸］。

MKRを預けているユーザーのみが行うことができます。投票方式は、認定投票という形式で行われます。

❷ オフチェーンガバナンス

オフチェーンガバナンスは、プロトコルを改善するための自由な意見交換として、オンチェーンガバナンスを支援し、情報を提供するためのフィードバックを収集する目的や、正式なプロセスを承認または拒否する目的など、さまざまな目的のために実施されます。

オフチェーンガバナンスではディスカッションが行われ、オフチェーンガバナンスを行う上で最も非公式で最も自由な方法として尊重されます。ディスカッションは、誰でも提起することができます。

オフチェーンガバナンスでは、フォーラムの投票作成機能を利用して、非公式投票を行うことができます。非公式投票は、MakerDAOのエコシステムに影響を与える問題についてのコミュニティの意見を調査するためなどに利用されます。非公式投票をしても、プロトコルの変更やプロセスのトリガーを即座に実行することはできません。非公式投票は誰でも作成することができ、定められた手順やガイドラインはありません。

(3) SubDAOの導入

MakerDAOは、Makerのリスクを抑えつつ、イノベーションを高めるため、自立した「SubDAO」を立ち上げることを予定しています。SubDAOの導入により、MakerDAOの複雑で高度な機能はSubDAOに分割されるとしています。

SubDAOには、ファシリテーターDAO、アロケーターDAO、ミニDAOの3種類があり、ファシリテーターDAOはDAOのガバナンスのルール作りと運営をする役割を担い、アロケーターDAOはSubDAOの担保資産の運用、リスク分析、グロース戦略など幅広い役割を担い、ミニDAOはアロケーターDAOからスピンオフしたもので、アイデアや製品をさらに成長させる役割を担うとされています。SubDAOは、独自のトークンを発行するとされています。

4 Uniswap

(1) Uniswapとは

Uniswapは、2018年にローンチされた、暗号通貨を取引することができる分散型取引所（DEX）です。イーサリアム・ブロックチェーン上に構築されたものです。Uniswapにより、ユーザーは、中央集権的な仲介者を必要とせずに、暗号通貨やトークンを取引できます。取引に当たっては、自分のウォレットを接続さえすればよく、氏名などを入力する必要もありません。Uniswapでは、ある暗号通貨（例えばビットコイン）を別の暗号通貨（例えばイーサ）に簡単に、かつ安い手数料で交換することができます。

Uniswapは、従来の集中型取引所とは異なり、プログラムにより自動化されたマーケットメーカーモデル[注38]を採用しています。

Uniswapが、暗号通貨同士の交換を実行するためには、Uniswapが通貨のペアを保有している必要があります。例えば、ユーザーが、ビットコインとイーサを交換したい場合には、Uniswapにビットコインとイーサがある必要があります。そこで、Uniswapは、このような通貨ペアを預けてもらい、それと引換えにLPトークン[注39]と呼ばれるトークンを発行します。預けられた特定の通貨ペアの集合は流動性プールと呼ばれています。LPトークン保有者は、通貨の交換取引から発生する取引手数料（取引額の0.3%）から、流動性プールにおける自らのシェアに応じて配分を受け取ることができます（イールドファーミングまたは流動性マイニングと呼ばれる[注40]）。

Uniswapの開発は「Uniswap Labs」という企業が主導していましたが、2020年9月にガバナンストークンであるUNIを導入してDAO化し、現在

（注38）　オートメーテッド・マーケット・メイキング（AMM）と呼ばれる。

（注39）　Liquidity Providerトークンの略である。

（注40）　イールドファーミングは金利や取引手数料の一部などを報酬として受け取ることであり、流動性マイニングはガバナンストークンを報酬として受け取ることであるとされているが、両者を厳密に区別せずに用いられることがある。

【図表１-15】 UniswapDAOのウェブサイト（トップページ）

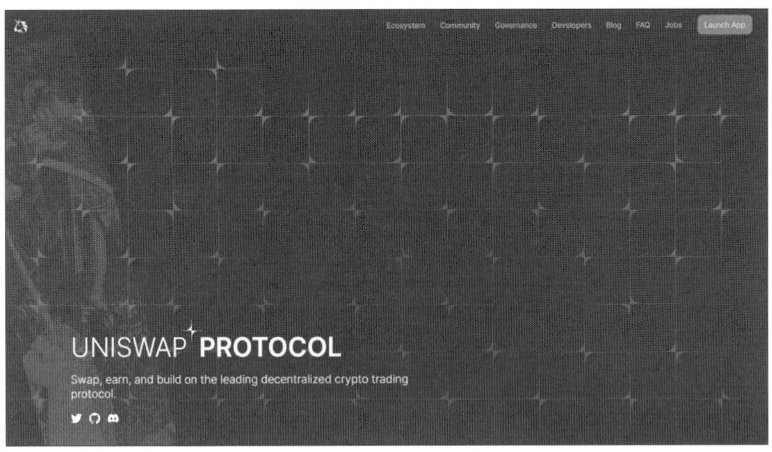

出典：https://uniswap.org/

は、UNI保有者による投票によってプロジェクトの意思決定がされています。このように、Uniswapも、以前はDAOと運営組織が分かれている二重構造をとっていましたが、現在はDAOとしての一元的な組織構造になっています。

Uniswapでは、10億UNIをミント（鋳造）し、それを2020年９月から４年かけて配布する計画となっています。その４年間における配分は以下の通りとされています（【図表１-16】）(注41)。

① コミュニティ・メンバー：60.00%

② チームメンバーおよび将来の従業員：21.51%

③ 投資家：17.80%

④ アドバイザー：0.69%

このようなプロジェクトにおいてガバナンストークンの６割程度をメンバーに、２割程度を創業チーム・従業員に、２割程度を投資家に配分する方法は、ガバナンストークンの配分比率の典型的な例といえます。

（注41） https://blog.uniswap.org/uni

【図表1-16】 UNIの配布割合

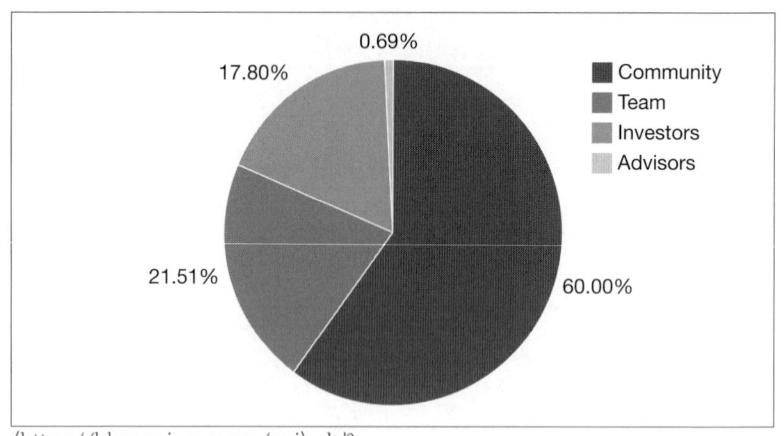

〈https://blog.uniswap.org/uni〉より

なお、4年後以降は、年2%の割合でUNIが永久的に増加するものとされ、それにより上記のUNIの保有割合も変化するとされています。

(2) UniswapDAOにおけるガバナンス

UniswapDAOのガバナンスは、UNIトークン保有者によって行われ、そのガバナンスシステムの仕組みは次のようになっています(注42)。

UniswapDAOには、ガバナンス関連の議論を行うDiscourseフォーラム(注43)、投票のためのSnapshotというアプリケーション、投票を委任・投じることができるガバナンスポータルサイトがあります。UNIトークン保有者は、その投票を他のユーザーに委任することができます。

UniswapDAOの意思決定は、①コメント募集、②温度チェック、③ガバナンス提案・投票の3段階から構成されます。

(注42) https://gov.uniswap.org/t/community-governance-process/7732
(注43) gov.uniswap.org

❶ コメント募集（RFC）

Uniswapの意思決定の第1段階は、メンバーが提案を提出し、それに対してコメントを受け付けるコメント募集（RFC：Request for Comment）を行うというものです。

RFCを提出する場合には、投稿に「RFC」というラベルを付けます。第2段階に移行する前に、コミュニティに最低7日間、RFCを読んでコメントする時間を与えなければなりません。提案者は、コメント中の質問に回答したり、コメントを受けて提案を修正します。

提案の内容については特に制限は設けられていませんが、スマートコントラクトで実行することが想定されているので、そのような性質のものに限られることになります。プロトコルの改善、料金体系の変更、トレジャリー資金の割当てなどが考えられます。

❷ 温度チェック

「温度チェック」段階では、提案された内容についてコミュニティが関心を持っているかやどのような意見があるかを測定します。

提案はDiscourseフォーラムに対してする必要があります。提案された内容は、Discourseフォーラムで議論された後に、Snapshotを使った投票で関心の大きさを測定します。投票期間は5日間です。投票の結果、賛成票が1,000万UNIを超えた提案が、次のガバナンス提案の段階に進むことができます。

❸ ガバナンス提案・投票

「ガバナンス提案」段階では、提案は、コンセンサスチェックの投票結果に基づき、1つまたは複数のアクションから構成されます。提案はコードで書かれる必要があり、専門家であるコード監査人による監査がなされます。提案を提出するには、委任されたものを含めて250万UNI以上が必要で、提案が提出されてから2日間の待機期間があり、投票期間は7日間です。4,000万UNIの賛成票が得られると提案が可決され、提案されたコードが自動実行されます。ただし、可決されてから2日間は「タイムロック」がかかり、それが経過するまで実行することができません。タイムロックは提案内

【図表1-17】 Uniswapコミュニティ・ガバナンス・プロセス

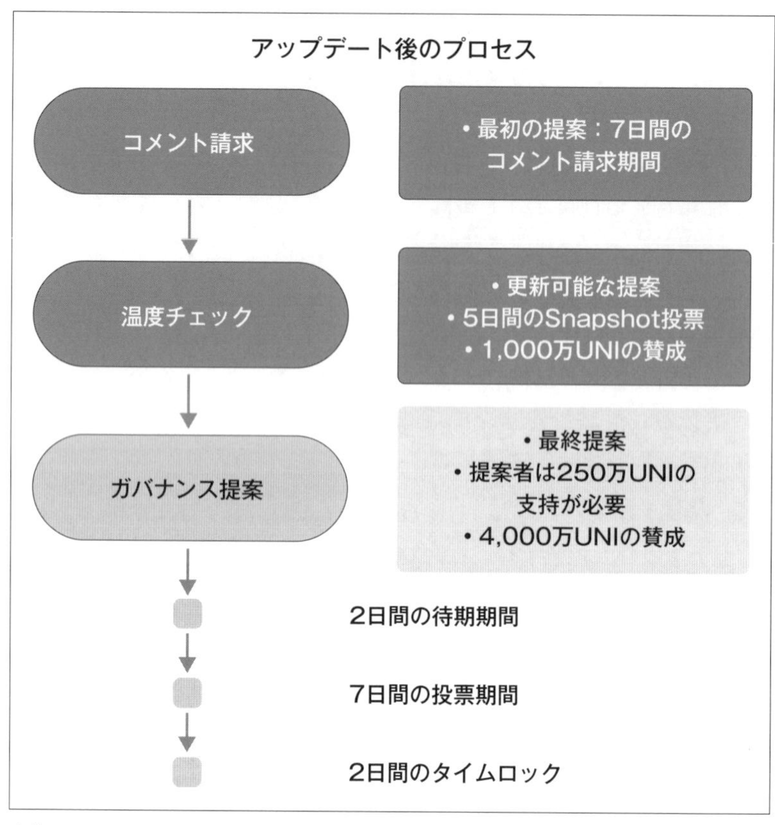

出典：https://gov.uniswap.org/t/community-governance-process-update-jan-2023/19976を筆者らにて日本語訳作成。

容に重大な欠陥や問題があった場合に修正をするために設けられています。

④　ガバナンス・プロセスの変更

上記の意思決定プロセスを変更する場合には、チェーン上での投票は必要ないものの、プロセスの変更に正当性を持たせるために、オフチェーンのスナップショット投票により、4,000万UNIの賛成票が必要とされています。この投票の投票期間は7日間とされています。

5 NounsDAO

(1) NounsDAOとは

NounsDAOは、ジェネラティブNFT（自動生成されるNFT）とDAOを組み合わせたプロジェクトです。NounsDAOは、イーサリアム・ブロックチェーン上で「Nouns」というジェネラティブNFTの作成とオークションを行っています。ジェネラティブNFTである各Nounは、四角のフレームのメガネをモチーフに、さまざまな特徴を組み合わせて作られるユニークなデジタルキャラクターです。Nounsのキャラクターはフルオンチェーンで、そのライセンスはパブリックドメインなので誰もが利用することができます。

Nounsプロジェクトでは、毎日ネット上でオークションが開催され、24時間ごとに1つだけNounが生成され、オークションにかけられます。購入希望者はイーサで入札し、オークションが終了すると、最高入札額のイーサが自動的かつNounsDAOのトレジャリーウォレットに送られる一方、NFTが落札者のアドレスに送られます。

NounsDAOの売上は、10日間のうち9日分について、毎日のオークションから得られる売上（イーサ）の100%が第三者の介入なしで100%トレジャリーウォレットに送られる仕組みになっており、運営者であるNounsDAOの創設者（合計10名。Noundersと呼ばれる）が手数料をとることはありません。他方で、プロジェクトの最初の5年間の間、毎回10番目のNoun（Noun ID #0, #10, #20, #30など）が自動的にNoundersのマルチシグのウォレットに送られ、プロジェクトの創設メンバー達に与えられます。これはインセンティブとして上手な仕組みとなっており、メンバーと運営者の利益相反を生じさせることなく、運営者にNounsDAOの価値を上げるインセンティブが生じる仕組みとなっています。実質的には、運営者に10%の手数料を支払っているともいえますが、NFTの売上の100%をトレジャリーウォレットに入れてメンバーがそれを管理することにより、メンバーの資金をメンバー

【図表1-18】 NounsDAOのウェブサイト（トップページ）

出典：https://nouns.wtf/

で管理するという意識を強めているといえます。また、創業メンバーが配分されたNounsを売却せずに保持しており、そのことが、Nouns DAOへのコミットメントを強めています。

Nounsは、NounsDAOのガバナンストークンとしても機能します。Nounsを保有することで、NounsDAOのガバナンスに参加することができます。Nouns保有者は、提案書の提出、プロジェクトの開発に関する決定事項の投票、トレジャリー資金の配分の決定に参加することができます。

NounsDAOのトレジャリーウォレットにある資金は、Nounsのオークションの収益をNounsDAOの決定に従って、貢献者への報酬、エコシステムの開発資金、慈善活動の支援などに使用されます。

(2) NounsDAOにおけるガバナンス

NounsDAOのガバナンスの仕組みは、Defiのプラットフォームである Compoundのガバナンスを利用しています（【図表1-19】）[注44]。

(注44) https://medium.com/compound-finance/compound-governance-5531f524cf68

【図表1-19】 Compoundの意思決定の流れ

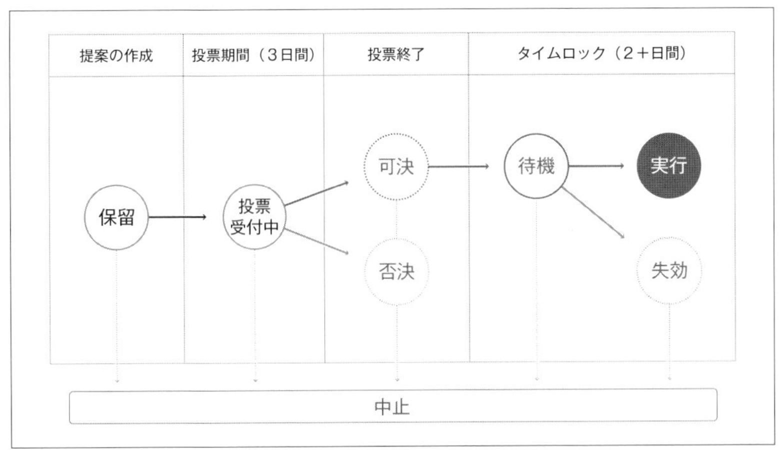

出典：https://medium.com/compound-finance/compound-governance-5531f524cf68を筆者らにて日本語訳作成。

Nounsをもつ者は誰でも提案を作成することができます。1つのNounについて1つの投票権があります。すべての提案は、3日間の投票期間を経て、過半数の賛成があれば、その提案は、2日間のタイムロックを経た後実施されます。

なお、Noundersは、Nounsの供給が少ない間は悪質な提案が可決されないように、拒否権を発動することができるとされています。拒否権が設けられたのは、当初はトレジャリーに対する「51%攻撃」に対する一時的な解決策として構想されていましたが、その後、さらに多くの研究、開発、テストが必要となる難しい問題であることが明らかになったとされています。拒否権は、通常の業務では行使すべきではない緊急権限であるとされており、①個人的な利益のためにトレジャリーから暗号通貨を不平等に引き出す、②個人的な利益のためにトレジャリーからの引出しを促進するために有権者に賄賂を渡す、③投票過半数を維持または獲得する目的でNounsのオークションの頻度を変更しようとする試み、④監査を受けずに重要なスマートコントラクトをアップグレードするといった法律上・実際上の問題をもたらす提案に対して発動されるとされています。

なお、NounsDAOでは、Nounsが約850個ほど販売され、メンバー数が増える中で、NounsDAOのビジョンに共感を持って参加するメンバーとNounsを投機的な目的で保有するメンバーとの対立が深刻化しました。そこで、NounsDAOに、NounsDAOをフォーク（分裂）させる機能が実装されました。このフォークは、メンバーの20％が賛成すれば実行され、賛成したメンバーはフォークした新しいDAOに移り、NounsDAOのトレジャリーにある資金も、フォークするメンバー数に応じて新しいDAOに移転するものとされました。この仕組みは、レイジクイット（怒りの退出［☞5(2)］）を取り入れたものといえます。

NounsDAOが、このフォークの機能を実装したところ、2023年9月に、846名のメンバーのうち、472人（総数の約56％）がフォークに賛成し、NounsDAOは分裂することになりました。このフォークに伴い移転した資金は2,700万ドル相当とされています。

このNounsDAOのフォークの事例は、DAOが拡大する中で、DAOのビジョンの実現を追求するメンバーと投機目的のメンバーの対立が生じることと、そのような場面でレイジクイットが利用された事例であるといえます。

6 Decentraland

(1) Decentralandとは

Decentralandは、2017年にリリースさたメタバースで、ユーザーはデジタル資産や仮想土地の作成取引、ゲーム、他のユーザーとの交流をすることができます。

Decentralandは、LANDと呼ばれる仮想の土地の区画に分かれており、この土地はNFT化されています。ユーザーは、NFTマーケットプレイスでLANDを売買したり、LAND上のコンテンツを開発して収益化することができます。

Decentralandでは、ゲーム、インタラクティブな体験、3Dアートな

【図表1-20】 Decentralandのウェブサイト（トップページ）

出典：https://decentraland.org/

ど、さまざまなコンテンツを作成し、共有するためのツールとリソースがユーザーに提供されており、ユーザーは、それを使って、コンテンツを構築・展開し、他のユーザーへ提供することができます。Decentralandはメタバースでのデジタルアセットの創作と娯楽のためのプラットフォームを提供しているといえます。

Decentralandは、MANAという独自のネイティブ暗号通貨を発行しています。MANAは、LAND、デジタルアセット、その他のゲーム内アイテムの購入など、プラットフォーム内のさまざまな目的で使用されます。また、暗号通貨取引所で取引することも可能です。

DecentralandのガバナンスはDecentraland DAOによって管理されており、MANAトークンの保有者とLANDの保有者は意思決定プロセスに参加し、プラットフォームの発展や将来に影響を与える提案に投票することができます。

⑵ DecentralandDAOにおけるガバナンス

DecentralandDAOは、MANA、NAMES（注45）、LAND保有者によっ

（注45） NAMESは、Ethereum Name System（ENS）と連動したNFTである。

てガバナンスが行われ、DAOでの投票を通じて、DAOのメンバーに対する助成金の支出やLANDとEstateに関するスマートコントラクトの制御などをしています。そのガバナンスシステムの仕組みは次のようになっています(注46)。

提案や投票はSnapshotが利用されています。拘束力を持つ承認された提案は、メンバーによって選出された3人以上から構成される委員会(注47)がマルチシグウォレットを使ってイーサリアム・ブロックチェーン上で実行します。この委員会は、5人のSolidity(注48)の専門家から構成されるセキュリティアドバイザリーボード（SAB）(注49)によって監督されます。

投票権（VP）は、DAOに接続されたウォレットにあるMANA、NAMES、LANDの残高から以下の計算式により計算され、VP数に応じた投票権が与えられます。

1 MANA = 1 VP

1 NAMES=100VP

1 LAND区画 =2,000VP

Decentralandでより多くのMANA、NAMES、LANDを所有しているほどステークが大きいとみなされ、DAO内でより多くの影響力を持つ投票権を得ることができます。

提案は、一定の定足数を満足することを条件として、賛成票数が反対票数を上回った場合に承認されます。承認された場合、Decentralandの運営者が提案を実行します。

提案はMANA、NAMES、LAND保有者がすることができますが、カテ

（注46） https://docs.decentraland.org/player/general/dao/overview/what-is-the-dao/

（注47） https://docs.decentraland.org/player/general/dao/overview/how-does-the-dao-work/#dao-committee

（注48） Solidityは、スマートコントラクトを作成するための機能を備えたプログラム言語である。

（注49） https://docs.decentraland.org/player/general/dao/overview/how-does-the-dao-work/#security-advisory-board-sab

ゴリーごとに定められている最低VP数を満たす必要があります。

複雑な提案については以下の3段階のプロセスを経るものとされています。なお、各段階は、投票数が一定のVPを超えないと次の段階には進めません。

❶ 提案前投票

提案前投票は拘束力のある提案をするための最初のステップです。この投票は拘束力のない、複数選択可能なアンケートで、さまざまな問題に対するコミュニティの一般的な意見を測定するために使用されます。この投票には、DAOがその結果に基づいて自動的に行動することはないという点で拘束力がありません。提案前投票が50万VP以上の賛成を得た場合、次の段階のドラフト提案に昇格する可能性があります。

❷ ドラフト提案

ドラフト提案は、一定のフォーマットでコミュニティに対して望ましい施策を提示し、その影響と実行方法について正式な議論をするものです。ドラフト提案が100万VP以上の賛成を得た場合、拘束力のあるガバナンス提案に昇格する可能性があります。

❸ ガバナンス提案

ガバナンス提案は、ガバナンスプロセスの最後のステップであり、唯一拘束力をもつ提案です。ガバナンス提案は、この提案を実施するためのすべての詳細、データ、方法、評価、その他の関連情報を具体的に提案する必要があります。ガバナンスの提案は、600万VP以上の賛成票があり、かつ賛成票が投票者の単純過半数を獲得した場合に承認されます。

以上が著名なDAOのガバナンスの仕組みですが、各DAOにおいてさまざまな工夫がされているのを見てとれるとともに、ガバナンスの仕組みに共通点もあることがわかります。**第3節**ではDAOのガバナンスについて解説します。

第3節　DAOにおけるガバナンス

1　メンバーによる意思決定の意味

DAOにおける組織運営の意思決定はメンバーによってなされます。メンバーによる直接投票という意思決定の方法は、その正当性の根拠がわかりやすいですが、ギリシャにおける直接民主制が衆愚政治に陥ったことはよく知られているように、必ずしも正しい意思決定ができるわけではありません。独裁者による意思決定のほうが、スピーディーで成果を上げることもあります。

もっとも、チャーチルの「民主主義は最悪の政治形態である。ただし、過去の他のすべての政治形態を除いては」という有名な言葉に見られるように、民主主義より優れた意思決定の手段を見つけるのは難しいといえます。独裁的な意思決定はうまくいくこともありますが、「権力は腐敗する」という言葉が示す通り、長期政権が続くと、とんでもなく間違った判断がされる傾向にあります。

DAOのガバナンスを考えるに当たっては、直接民主制の可否、フリーライド問題、囚人のジレンマなどのゲーム理論といった従来からあるガバナンスの議論が参考になります。MolochDAOのホワイトペーパー（注50）はガバナンスについて以下の著作が参考になるとしています。

（注50）　https://github.com/MolochVentures/Whitepaper/blob/master/Whitepaper.pdf

・『コモンズの悲劇』ギャレット・ハーディーン著（注51）
・『集団行動の理論：公共財とグループの理論』マンカー・オルソン二世著
・『コモンズのガバナンス――人びとの協働と制度の進化』エリノア・オストロム著

ギャレット・ハーディーンが唱えた『コモンズの悲劇』とは次のような状況をいいます。

「コモンズ」とは、例えば森林、川、海、空気など、誰もが自由に利用できるとされているもののことです。ある地域では、農民が共有の牧草地に牛を放牧しています。ある農民は共有の牧草地から最大の利益を得るためにより多くの牛を放牧しようとします。すると他の農民も放牧する牛を増やして自分の取り分を増やそうとするでしょう。そうすると、放牧する牛が増えてしまう一方となり、やがて牧草地の草は食べ尽くされて、草が一本も生えず荒廃してしまうという悲劇が生じることになります。このような悲劇は机上のものではなく、地球温暖化、水産資源の減少、環境破壊といったわれわれに身近な問題として起こっています。

オストロムは、このようなコモンズの悲劇を防止するためにはどのようなことをすればよいのかについて考察し、成功しているコモンズの管理の多くが、「資源の利用者による自主創設組織」であると主張しました。オストロムはその功績により2009年にノーベル経済学賞を受賞しています。DAOは、まさに「資源の利用者による自主創設組織」であり、コモンズの悲劇を防ぐことができる可能性のある組織といえます。

ブロックチェーンやプロジェクトは、コモンズとしての性格を有している場合があり、コモンズに関する議論が参考になります。

（注51） https://www.science.org/doi/abs/10.1126/science.162.3859.1243

2 DAOにおける意思決定の課題と対応

DAOにおける意思決定の一般的な方法としては、**本章第1節3(2)**で前述しましたが、①メンバーによる提案、②メンバーによる議論、③メンバーによる投票、④投票結果の実行という流れをたどります。

DAOはメンバーが運営に関する事項について直接的に意思決定をするという直接民主制をとっています。それにより、メンバーの意思が運営に反映される、経営陣がいることによって生じるエージェンシーコストが生じないといったメリットがあります。他方で、後述するようなさまざまな課題もあり、それを避けるために**第2章**で紹介したような工夫もされています。

(1) DAOにおける意思決定の課題

DAOにおける意思決定には、メリット・デメリットがあります。

DAOにおける意思決定のメリットとしては以下があります。

❶ メンバーによる自治の実現

メンバー自身が意思決定することで、自らのことを自らで決めるという自治が実現し、決定内容に納得感が生まれます。

❷ 運営の「自分事」化

メンバーが意思決定に直接参加することができるため、DAOについて「我がこと」として、メンバーが運営に関心を持つようになります。

❸ 権力の分散化による濫用の防止

権力が分散されるため、特定の者による権力の濫用を防ぐことができます。

❹ 意思決定プロセスの透明化

メンバーが意思決定プロセスに関与するため、意思決定プロセスが透明化します。

他方で、DAOにおける意思決定には以下のデメリットがあり、これらがDAOの意思決定における課題となります。

(a) 意思決定の遅さ

DAOの意思決定は提案と投票というプロセスを経ることから、時間がかかり、意思決定が遅くなります。特に緊急を要する問題に対しては迅速な対応をすることが難しいといえます。

(b) 専門知識の不足

メンバー全員が意思決定に参加するため、専門性の高いまたは複雑な問題について専門知識を持たないメンバーが投票することになります。これにより、最善の決定が下されない可能性があります。

(c) 複雑な意思決定が困難

メンバーが専門知識を持たない場合があることに加えて、提案・投票というプロセスを経るため、イエス・ノーの投票で判断できる簡単な意思決定には対応できるものの、多数の前提条件があるような複雑な意思決定をすることは困難です。

(d) 投票率の低さ

大規模DAOでは、投票率が低いことが問題となっています。投票率が低いと、少数の投票者により意思決定がされることになり、投票結果がコミュニティの意思を必ずしも反映しないおそれが生じます。

(e) 多数決に対する批判

投票数がトークンの保有数によって決まるというルールになっている場合、意見の対立が生じている状況で、多数のトークン保有者による投票によって決定されると、「多数者の横暴」などの批判が出ることがあります。投票数をトークンの保有数によって決めるのと、1人1票にするのとどちらが適切かはDAOの性質によって異なります。

(f) ガバナンスの機能不全の可能性

一部の者・団体が拒否権を持つだけの量のトークンを保有している場合には、あらゆる提案が否決されてしまい、意思決定ができないというガバナンスの機能不全が起こる可能性があります。このような現象は「vetocracy」と呼ばれています。

(g)　過剰な提案・投票疲れ

大規模なDAOでは、提案が多数提出されるため、トークン保有者が情報を収集することが困難になります。また、メンバーが頻繁に意思決定に関与することが求められると、投票疲れが発生することがあります。これにより、メンバーがDAO運営への関心を失い、投票率が下がることがあります。

(h)　悪意のあるメンバー

悪意のあるメンバーが投票や意思決定プロセスを操作しようとすることがあり得ます。

(2)　DAOにおける意思決定の課題に対する対応

これらの課題に対応するため、DAOの意思決定にさまざまな工夫をすることが試みられています。その試みとしては、以下が挙げられます。

❶　メンバーの意思決定対象の選別

メンバーが提案できる対象を重要事項に限定し、それ以外の事項の意思決定はコアチームや評議会などのメンバー以外の判断に委ねることで、意思決定の迅速性や投票疲れといった課題を解決するものです。もっとも、多くの意思決定をコアチームや評議会に委ねるようになった場合には、もはや分散型自律組織とはいえなくなってしまうという課題があります。

❷　温度チェック、世論調査

提案を投票にかける前に、コミュニティにおいて、投票や世論調査を行い、どれくらい支持がされているのかを調査し、一定の支持を得た提案だけを投票にかけるというものです。これにより無意味な提案や過剰な提案がされることを防止します。

❸　提案要件の充足

提案するに当たって、一定のガバナンス・トークンを保有していることや、委任を含めた一定数のメンバーによる支持があること、コアチームなどによる承認があることなどを要求することにより、無意味な提案や過剰な提案がされることを防止します。もっとも、提案することに制約が多いとメンバーからの多様な提案を募ることが難しくなります。

❹ 委任

メンバーが専門知識や活動時間を確保できる他のメンバーに自らの投票権を委任することにより、提案の検討や投票をする時間がなくても、間接的に意思決定に参加できるようになります。もっとも、メンバー自らが直接的な判断をしないこととなり、直接民主制のメリットを減じることにはなります。

❺ 評議会等の設立

一定の意思決定をコアチームやメンバーから構成される評議会などに委ねることで、専門性の不足を補ったり、意思決定の迅速性を確保しようとするものです。もっとも、このような組織の設立は自律分散的な運営と相反する部分があります。

❻ 拒否権

可決された提案が、DAOの目的にそぐわなかったり、利益を損ねたりする場合もあることから、その実行に、創業者やコアチームなどの拒否権を与えることが考えられます。もっとも、このような拒否権は民主的な運営とは相反する部分があります。

❼ レイジクイット（脱退権）

投票結果に反対するメンバーがDAOから脱退することを認める権利を認めることで、少数派が自らの意思に反する投票結果に従うことを防止し、いわゆる「多数決の濫用」を防ぐことができます。また、考え方が異なるメンバーを脱退させることによって、DAOの一体性を保つことができます。このような脱退権としてはMolochDAOのレイジクイットが有名です。もっとも、脱退権を容易に認めると脱退が相次ぎ、組織としての規模が維持できなくなったり、団体として行動することの意味がなくなってしまうおそれがあります。

実際にも、2023年には、NounsDAOに、レイジクイットの機能が実装されたところ、NounsのNFTを投資対象であると考えるグループがNouns DAOから離脱（フォーク）することが起こっています。

3 意思集約の方法論

DAOにおける意思集約の方法としては、メンバーの多数決によることが一般的です（注52）。もっとも、集団の意思集約の方法として、多数決が集団の意思を最も正確に反映しているとは限らず、あくまで現時点における最もポピュラーな方法にすぎません。DAOにおいて、最も適切な意思集約方法が何かということについて議論と模索がされています。

意思集約の方法にはいくつかのバリエーションがあります。多数の人々の異なる意見をどう集約すればよいかについてはさまざまな議論がなされていますが（注53）、以下にいくつかの方法を紹介します。

(1) トークンベースとメンバーベース

多数決といっても、まず、ガバナンストークン数に応じた多数決とするか、１人１票とした上でメンバー数に応じた多数決にするかという選択があります。ガバナンストークン数に応じた多数決の場合にはトークンベースの投票となり、メンバー数に応じた多数決の場合には基本的にウォレットベースの投票になります。なお、Web３の世界では、複数のアカウント／ウォレットを容易に持つことが可能なことから、メンバーの顔が見えない大規模DAOの場合、メンバーに１人１票という仕組みは実際には機能しません（注54）。他方で、小規模なDAOやKYCがなされているDAOではメンバーに１人１票という仕組みも機能します。

どのような多数決の仕組みを採用するかはDAOの性質にもよります。

（注52） 多数決以外の意思決定方法としてはコンセンサス決定がある。この方法では、すべての参加者が合意に達するまで議論や協議を行い、参加者全員が納得し合意した結果が採用される。この方法では、決定に達することができない可能性が高まる。

（注53） これに関しては「社会的選択理論」という学問がある。

（注54） そのため、１人１票方式を確保するために、利用規約において複数ウオレットの保有を禁止したり、SBTを発行するなどの対策をとることもあります。

一般的には、メンバーには経済的リターンの期待がある場合には利害関係が大きいほどより多くの発言権を持つべきという資本主義的論理から保有トークン数での多数決が採用されます。また、経済的リターンへの期待がない場合でも、わかりやすさやメンバーの特定の困難さから保有トークン数での多数決が採用される場合が多いように思われます。

(2) 伝統的な多数決の方式

多数決は、選挙や株主総会などにも利用され、世の中で広く利用されています。ここでは伝統的な多数決の方法について解説します。なお、選択肢が1つか複数か、また最終的に決定される選択肢が1つか複数かによっても、適切な方法は変わってきます。

❶ 絶対多数決

絶対多数決は、それぞれの提案についてトークン数あるいはメンバー数の多数（過半数以上）の賛成を必要とする方式です。多数決の中ではよく見られるルールです。一般的には投票数の過半数の賛成が必要とされますが、重要な事項については、3分の2以上といった賛成を必要とすることもあります。

例えば、株式会社では、通常の決議は出席株主の投票数の過半数の賛成で決定されますが、定款変更や合併などの会社にとって重要な事項の決定については投票数の3分の2以上の賛成が必要とされています。

また、多数決を計算する際の投票の母数について、実際に投票した者とするか、投票権を有する者全体とするかという選択があります。これによって、投票に参加しなかった者を反対者として扱うか否かが異なります。母数を実際に投票した者とすると投票に参加しなかった者は投票にカウントされませんが、投票権を有する者全体とすると投票に参加しなかった者は反対票を投じたものとして扱われることになります。

❷ 相対多数決

相対多数決は、棄権票または白票を除いた投票のうちから最も多くの票を得た選択肢を採用する方式です。他の選択肢よりも1票でも多くの票を得ることが要件です。賛成と反対という2つの選択肢がある場合はより多く支持を得た選択肢が選ばれることになります。また、3つの選択肢がある場合、最も多くの賛成票を得た選択肢が選ばれることになります。もっとも、この方式では、例えば、A、B、Cの3つの選択肢があり、AとBが保守的な類似した選択肢でCがリベラルな選択肢の場合、保守票がAとBに割れてCが選ばれるということが起こり、全体としては保守的な意見が優勢なのにリベラルな判断がなされてしまうといったように、全体の意見が適切に反映されないことが起こる可能性があります。

❸　認定投票（是認投票・承認投票）

認定投票とは、投票者が複数の選択肢の中から、賛成する選択肢を好きなだけ選べることができ、その中で多数の賛成票を得た選択肢が勝ちとなる投票方式です。是認投票・承認投票と呼ばれることもあります。

例えば、A、B、C、Dの選択肢があれば、投票者は、Aだけを選んでもよいし、A、B、Cを選ぶこともできます。この投票方式では、投票者はそれぞれの選択肢に対して独立して投票できるので、どれを選ぶかで迷ったりすることや、類似の選択肢があるために票が割れて不人気な選択肢が勝つことを避けることができます。多くの選択肢が提示され、複数の選択肢が可決される選挙（例えば、日本の地方議会選挙）では、1つの選択肢だけに投票できる方式の場合には、他の選択肢については自動的に否定の意見を表明することになりますが、認定投票の場合には、すべての選択肢に賛否の意見を表明することができます。もっとも、認定投票では、例えば、10名中4名を選ぶという選挙の場合、多数派が4名の立候補者を擁立すると、多数派がその4名を独占できるという問題点があります。

❹　階層的多数決

階層的多数決は、選択肢を複数の段階に分けて投票を行う方式です。最初の投票では、複数の選択肢の中から上位の選択肢を選びます。次に、上位選択肢の中から再度投票を行い、最終的な結果を得ます。まず、多数の選択肢から1つの選択肢を選んでもらい、次に得票数上位の2つから1つを決める決選投票をする方法がこの方式の典型例です。この方式は、複数の選択肢を順次絞り込んでいくことで、より多くのメンバーの意見を反映させることができます。

❺ 選好投票

選好投票は、選択肢を順位付けして投票する方式です。各選択肢に順位をつけ、得られた順位の総合的な結果に基づいて決定します。ボルダルールやコンドルセルールは選好投票の代表的な例とされています。この方式は、投票者がどれを選択するかだけでなく、その選択肢をどれだけ好むかの程度を反映することができます。

ボルダルールとは、選択肢に点数をつけて最大の点数を得たものから選ぶという方法です。例えば、3つの選択肢がある場合に、投票者は、1位に3点、2位に2点、3位に1点をつけ、その総得点の順位を決める方法です。ボルダルールでは、すべての選択肢に点をつけることになるため、特定の誰かに支持された選択肢よりも、多くの人に支持された選択肢が選ばれやすくなり、全体の納得感が得やすいといわれています。

他方で、ボルダルールは、多数派が同種の選択肢を複数した提出した場合（クローン問題といわれる）や意図的に対立する選択肢に低い点数をつけることなどにより、結果を左右できるという戦略投票（戦略的投票行動）が容易であるという問題点が指摘されています。

❻ 加重多数決

加重多数決は、投票者ごとに異なる重みを持たせる方式です。各投票者に与えられた重みを考慮し、全体の重みの合計に基づいて決定します。例えば、コミュニティの中で高評価を得ている投票者や、活動量が多い投票者の投票数を加重するといったものです。これにより、特定の投票者やグループの意見がより大きな影響力を持つことがあります。

なお、❺と❻の投票方法については、誰が投票者かについて特定されていることが前提となるため、メンバーが匿名であることが一般的なDAOについての導入は、その点を考慮する必要があります。

(3) DAOにおける新たな投票方式

以上の伝統的な投票方式に加えて、ブロックチェーンを利用したDAOでは新たな投票方式が登場しています。

DAOにおいて、どのような意思決定方法が望ましいかについて、Singapore University of Social Sciences（SUSS）のチームによる「Voting Schemes in DAO Governance」（DAOガバナンスにおける投票方式）という論稿（注55）が公表されています。

同論稿では、①トークンベースの投票、②クアドラティック・ボーティング（QV）、③評判ベースの加重投票、④知識抽出型投票、⑤マルチシグ投票、⑥ホログラフィック・コンセンサス、⑦確信投票、⑧怒りの退会（rage-quitting）投票という８つの投票方式を取り上げ、これらの投票方式について、効率性、公平性、スケーラビリティ、頑健性、インセンティブの程度を比較しています（【図表１-21】）。

上記の投票方式のうち、前項(2)で説明していない②と④から⑦について以下で説明します。

② クアドラティック・ボーティング（Quadratic Voting、二乗投票、QV）

クアドラティック・ボーティング（QV）は、投票者の投票の重みを変える方式で、具体的には以下の方法によります。

ⅰ 投票者全員に一定量のCreditを配布する。

ⅱ 投票者は、Creditの範囲内で、複数ある選択肢のどれにでも、また１つでも複数でも自由に割り当てて投票できる。

ⅲ 投票者が、ある選択肢に投票する場合、その投票をするのに必要なCreditは、投票数の二乗とする。１Creditで１票、４Creditで２票、９Creditで３票が投票できる。

上記ⅲの二乗する部分が「Quadratic」と呼ばれる理由です。

例えば、投票者が、100Creditを割り当てられ、A、B、Cの３つの選択

（注55） https://papers.ssrn.com/sol3/papers.cfm?abstract_id=4442470

【図表１-21】 各投票方式とDAO（注56）

投票方式	当該投票方式を採用するDAOやプラットフォーム等
①トークンベースの投票	KyberDAO、Aave
②クアドラティック・ボーティング	Gitcoin、BrightID
③評判ベースの加重投票	BPC DAO、OrangeDAO
④知識抽出型投票	DIT プロトコル
⑤マルチシグ投票	Safe（旧 Gnosis Safe）、Aragon Client、BitDAO
⑥ホログラフィック・コンセンサス	DXdao、necDAO、DAOstack
⑦確信投票	Giveth、Common Stack、Meta-Cartel
⑧怒りの退会（レイジクイット）	MolochDAO

肢が示されたとすると、投票者は100Creditを消費して、Aだけに10票を投票することもできるし、Aに７票（49Credit）、Bに６票（36Credit）、Cに３票（９Credit）投票することもできます（この場合６Credit余る）。

このようにQVでは、１つの選択肢に多くの票を投じるコストが高くなるため、多数派の意向により意思決定される傾向を和らげ、少数派の意向が反映されるようになることから、メンバー全体の意思をより適切に反映できると主張されています。

④　知識抽出型投票

知識抽出型投票とは、投票結果を決定する際に投票者の知識や専門性を考慮する投票方法です。知識の抽出は、投票者が与えられたテーマに関する専門知識のレベルを示すことや、議論や討論への貢献の質を評価するアルゴリズムを使うことによって行われます。

（注56） Voting Schemes in DAO Governanceに基づき筆者が作成。

⑤　マルチシグ投票

マルチシグ投票とは、提案に複数の署名や承認が必要となる投票方式のことです。これにより、特定の者による一方的な決定を防ぐことができます。

⑥　ホログラフィック・コンセンサス

ホログラフィック・コンセンサスは、意思決定の方式として原則として絶対多数決を採用するものの、一定の条件を満たす場合には（投票者が少人数であっても）相対多数決による決定を「ブースト」して絶対多数決による判断と同じものとみなすというものです。

ブーストは、人々がトークンを賭けて、相対多数決によって判断される提案が可決されるか否かを予想することによって行われます。この賭けは、可決予想がブーストするしきい値[注57]に達するか、ブースト期間が終了するまで続けられ、可決予想がしきい値に達すれば、相対多数決による判断がブーストされ、絶対多数決による判断と同様のものとして扱われます。賭けた人は、自分の賭けが総投票結果と一致するかどうかにより、トークンを獲得するか失うかが決まるので、その予想はブーストするのを判断するだけの信頼性を有すると考えられています。

これは、たとえ少数の者しか投票しない場合であっても、トークンを賭けることによる結果予想により、少数者の判断が多数者の判断と同様であると推測するものであるといえます。このホログラフィック・コンセンサスは、大規模なDAOでも意思決定が容易となり、スケーラビリティ問題を解決するものといえます。なお、スケーラビリティ問題とは、利用者の増加（スケールの増大）によってシステムへの負荷が増大するために生じるさまざまな問題（データ処理の遅延や手数料の高騰など）のことをいいます。

⑦　確信投票

確信投票とは、メンバーが一定期間トークンをステーク（預ける）することで、提案に投票することができるというものです。そして、ステーク期間

（注57）　このしきい値は操作を防ぐため動的（状況により変化する）なものであることが望ましいとされている。

【図表１-22】 DAOの投票方式の比較

	効率性	公平性	拡張性	頑健性	インセンティブ
トークンベースの投票	中	高	低	低	なし
クアドラティック投票	中	低	中	中	なし
評価ベースの加重投票	中	低	中	高	あり
知識抽出型投票	中	低	中	高	あり
マルチシグ投票	中	高	低	低	なし
ホログラフィック・コンセンサス	高	高	高	中	あり
確信投票	低	中	中	高	なし
怒りの退会（レイジクイット）	低	高	中	中	なし

出典：Singapore University of Social Sciences「Voting Schemes in DAO Governance」を筆者らにて日本語訳作成。

が長ければ長いほど、メンバーは自分の投票に「確信」をもっているとして、その投票の重みが増すというものであり、加重投票方式の一類型といえます。この方式は、メンバーが自分の投票の長期的な影響について注意深く考えるようインセンティブを与え、短期的な思考や投機を抑制するように設計されているといえます。

これらの投票方式について、効率性、公平性、スケーラビリティ、頑健性、インセンティブの程度を記載したものが【図表１-16】です。

【図表１-16】が示す通りに、どの投票方式もメリットとデメリットがあることから、絶対的な投票方式があるものではなく、そのDAOに適した投票方式が重要であることがわかります。

なお、SUSSのチームは、ホログラフィック・コンセンサスを高く評価しており（頑健性以外はすべて高評価）、確信投票をベースにして、クアドラティック・ボーティングを組み合わせた投票方法を勧めています。

⑷　定足数

意思決定をするに当たって、一定の数の投票がなされることを条件とする「定足数」が設けられることがあります。例えば、全ガバナンストークン１％以上の投票数がなければ、決議は成立しないといったものがこれに当たります。これは、投票率が低い場合に、少数の賛成票によって決定がされてしまうのを防ぐためのものです。

⑸　まとめ

このように意思決定の方法は驚くほど多様であるといえます。DAOや投票の目的に応じて適切な方法を選ぶべきですが、複雑な投票方法はメンバーに仕組みを理解してもらえず、投票率の低下を招く可能性があることに留意すべきです。

第4節　DAOにおけるトークン

DAOは、ガバナンストークンを発行しますが、トークンにはさまざまな機能や権利をつけることができ、実際にも、そのようなことが行われています。トークンはデジタルであることから利便性が高く、また資金調達が比較的容易にできます。トークンにどのような機能や権利をつけるかというトークンの設計により、適用される法律は大きく異なってきます。逆に、法律規制があるために、思い描いたトークン設計ができないことも（かなり頻繁に）起こります。詳しい法律論については後述しますが、本節では、トークンを発行する場合の検討点を紹介します。

1　DAO・トークン発行の目的

DAOの目的が何であるかは、トークン設計に大きく影響します。そのため、DAOの目的を明確にすることがトークン設計において重要です。組織の目的を設定する手法としては、MVVがよく知られています。MVVは、「Mission（ミッション）」「Vision（ビジョン）」「Value（バリュー）」をまとめて略したもので、経営学者ピーター・F・ドラッカー氏が提唱した企業の経営方針をいいます。ミッションは組織の存在意義、ビジョンはありたい姿、バリューは価値観・行動指針のことで、MVVを定めることで、組織の方向性を明確化し、メンバーで共有化することが可能となります。メンバーそれぞれが自分で判断することが求められるDAOでは、指針を示すMVVは重要な役割を持つことになります。

このMVVが、トークン設計にどのような影響を与えるかについては、

【図表1-23】 MVVの例

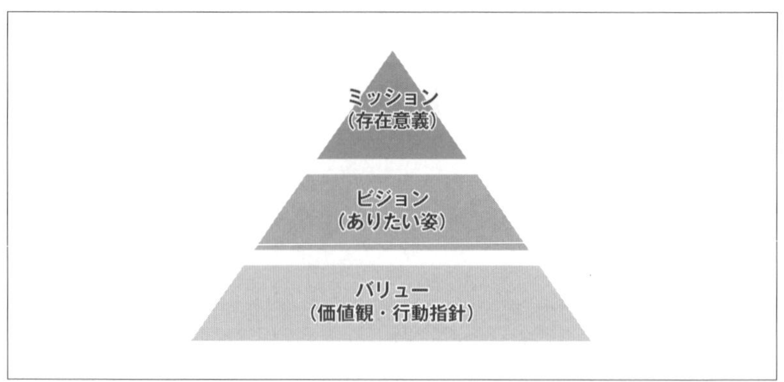

例えば、プロジェクトが営利目的の場合には、トークンは経済的価値を示すものとして設計され、トークンの価値をどれだけ上げるかが重要になることが多いでしょう。他方で、非営利目的の場合には、トークンはコミュニティに帰属する証として設計されることが考えられます。

また、DAOの目的を明確化するとともに、トークン発行の目的を明確化することも重要です。

2　トークンのメリット・デメリット

プロジェクトにおいてトークンを利用することには、いくつかのメリット・デメリットがあります。

トークンのメリットとしては以下が挙げられます。

① トークンは、中央集権的な組織を通じずに個人間で簡単に移転することができるため、仲介者への手数料支払が不要になったり、決済の時間を短縮化することができます。

② トークンは、スマートコントラクトに書き込むことで処理を自動化することができます。これにより、取引相手の信頼性を確認しなくても取引が可能となり、また、取引履歴がブロックチェーンに残ることから透

明性が確保できます。

③ トークンに経済的価値がある場合には、トークンをユーザーやコントリビュータなどの関係者に配ることで、インセンティブとして利用することができます。DAOではリーダーがいないか強い力を持たないのでインセンティブ設計がより重要となります。このようにトークンを利用した経済やインセンティブのことをトークノミクスと呼ぶことがあります。

他方で、トークンのデメリットとして以下が挙げられます。

① 現時点では、多くの人はトークンを利用した経験がないため、ユーザー層が広がらないという問題があります。トークンを利用するには、暗号通貨を管理するためのMetamaskなどのウォレットを作成する必要がありますが、このようなウォレットを保有している人は、現時点では多くはありません。

② トークンの取引には手数料（ガス代）がかかることがあり、場合によっては手数料が高額になることがあります。

③ トークノミクスの設計や運用に失敗すると、トークンの価値が暴落し、高い価格で購入したユーザーの反発を招いたり、投機的なマネーが流れ込んで本当に利用したい人が利用できないという問題が起こります。

④ トークンには、ハッキングされるリスクがあり、ハッキングされると経済的な損失だけではなく、プロジェクトそのものに対する信頼が失われてしまうリスクがあります。

⑤ トークンのインセンティブ設計を誤ると、例えば、投機目的の人々がコミュニティに参加することによってコミュニティが破壊されたり、善意で活動している人のインセンティブを削ぐこともあります。

⑥ 株式会社が、得られた利益をトークン保有者に分配するトークンを発行すると、利益を株主とトークン保有者にどのように分配するのかというコンフリクトが生じます。

Web３のプロジェクトにおいては、トークンを使うことは当然の前提とされていますが、メリット・デメリットの両方があるので、ある目的を達成するためにトークンを利用する必要性が本当にあるのかを考えることも重要です。

3 トークノミクス

トークノミクスとは、「トークン」と「エコノミクス」を組み合わせた言葉で、Web３におけるトークンの設計、配布、管理を支配する経済システム、あるいはその経済システムを考察する理論をいいます。

Web３プロジェクトにおいてはトークンの価格をどのようにするかは大きなテーマとなります。Earn to walkで有名となったSTEPN（歩くことで暗号通貨GST/GMTを獲得できるゲーム）は、「歩けば稼げる」ということで一時期大ブームを巻き起こしましたが、多くの人がゲームに参加し、GST/GMTを獲得した結果、GST/GMTの価格が暴落し、稼げるゲームとしての魅力が低下しました。これは、トークンの需要と供給の関係がWeb３プロジェクトに大きな影響を与えることを示す典型例といえます。

トークンの価格を決定する要素は、そのトークンの裏付けとなる資産、リターン、実用性（ユーティリティ）などによります。しかし、トークンの裏付資産、リターン、実用性はトークンの価格を左右する大きな要素ですが、あくまで１つの要素にすぎません。STEPNの例が示すように、供給量や供給方法もトークン価格に大きな影響を与えます。この点も考えて設計されているのがビットコインであり、ビットコインは発行数の上限を2,100万枚とし、マイナー報酬に半減期を設けるという需給調整をしており、これがビットコインに対する値上がり期待を持たせ、その普及に影響を与えています。

トークン価格に影響を与える要因の全体像を把握するには、経済学、ゲーム理論、金融、コンピュータサイエンスなどの知見を活用したトークノミクスの分析・考察が必要となります。トークノミクスにおける分析対象として、以下の点が挙げられます。

⑴ トークンの需給

トークンの総供給量とトークンが作成され配布される速度は、トークンの価値と市場に大きな影響を与えます。トークノミクス理論では、固定供給、インフレモデル、デフレモデルなど、トークンの供給と消却に関するさまざまなモデルを検討し、特定のプロジェクトに最も適したアプローチを決定します。

⑵ インセンティブ構造

プロダクトの作成・改善、ユーザーの獲得、流動性の提供、ガバナンスへの参加、セキュリティ確保など、望ましい行動を奨励するインセンティブ構造を構築する必要があります。インセンティブは、報酬、ステーキング、手数料の削減などさまざまな形態が考えられますが、ステークホルダーの利害を一致させ、プロジェクトの長期的な成功を促進するように設計する必要があります。

⑶ マーケット・ダイナミクス

トークノミクスは、トークンの価値、需要、安定性に影響を与える市場のダイナミクスと要因を考察します。これらのダイナミクスを考察することで、より弾力的なトークンエコノミーを構築し、持続的な成長を目指します。

⑷ 資産性

トークンに裏付資産がある場合には、その価値がいくらなのか。また、その資産から得られるリターンがどのようなものかを分析します。また、トークンが、裏付資産とどれだけ強く結びついているのかも考察対象となります。

⑸　実用性（ユーティリティ）

Web3プロジェクトでは、トークンをどのようなことに使えるのかという明確な実用性やユースケースを持つトークンを設計することが重要です。トークンの実用性は、ユーザー導入、エンゲージメント、プロジェクトの長期的な持続可能性と関係します。

⑹　ガバナンス

DAOでは、トークンを使って分散型ガバナンスを実現しています。トークン保有者が意思決定プロセスに参加し、プロジェクトの方向性に貢献できるよう、効果的なガバナンスモデルを設計・実装する方法について検討する必要があります。

Web3プロジェクトにおいて、持続可能なトークンエコノミーを構築・運営するためには、トークン設計、流通、インセンティブ、ガバナンスといったさまざまな側面を分析して最適化することが重要となります。トークノミクスを検討することで、より強固なエコシステムを構築し、ユーザーの利用を促進し、プロジェクトの長期的成功を達成できると考えられます。

4　トークンの属性の選択

⑴　ブロックチェーンの種類

トークンを発行する場合には、どのブロックチェーン上で発行するかを決める必要があります。ブロックチェーンによって、手数料、決済スピードなどの使い勝手が異なるので、大きな判断となります。例えば、イーサリアムを利用する場合には、手数料（ガス代）が高くなりますし、毎秒当たりの処理量も決して多いものではありません。

⑵　ファンジブルトークン／ノンファンジブルトークン

トークンをファンジブルトークン（FT）として発行するか、ノンファンジブルトークン（NFT）として発行するかは、トークンが暗号資産に該当するか否かに影響してきます。資金決済法は、FT を暗号資産としていますが、NFT は原則として暗号資産に当たらないとしています。トークンが暗号資産に当たる場合には、売買、交換、これらの取引の媒介を業として行うために暗号資産交換業の登録が必要になります。

なお、NFT が決済に使えるような場合には暗号資産に当たるおそれがありますので、NFT であれば必ず暗号資産に当たらないわけではありません。

⑶ 譲渡禁止の有無

トークンを譲渡可能とするか否かは、税金に影響してきます。日本では、法人が暗号資産を保有している場合、期末に時価評価を行い、実際に利益が出ているか否かに関係なく、評価益に課税されます。もっとも、2023年税制改正により、自社発行トークンについては、譲渡禁止とすることで、時価評価課税の対象としないようにできます。したがって、自社発行トークンを大量に保有する企業は、トークンに譲渡制限をつけるか否かは税務上、大きな影響を持ちます。詳しくは後記**第 4 節 2** ⑵を参照してください。

⑷ トークン発行の有償／無償

トークンを有償で発行するか、無償で発行するかという選択があります。有償で発行する場合には、対価を暗号資産とするか、法定通貨とするかという選択があります。トークンを有償で発行する場合には、資金を調達できる反面、さまざまな金融規制がなされる可能性があります。トークンを無償で発行する場合には、金融規制がなされる可能性は低いものの、景品のように取り扱われ、景品表示法の規制対象となる可能性があります。

5 トークンが表章する権利・機能の選択

トークンは、大きく分類すると、①決済手段としてのトークン、②権利を表章するトークン、③ユーティリティトークンの 3 つに分類できます。もっとも、トークンにはいろいろな権利・機能をつけることができます。そのため、投資トークンがユーティリティトークンを兼ねるなど、必ずしも上記の３つに綺麗に分類できる状況でなくなってきています。また、より細かい分類が必要となってきているといえます。以下では、トークンにどのような権利・機能があるか（これらを複数組み合わせることができる）について説明します。

どのような権利・機能をつけるかによって、ユーザーが得られる利益・体験や法的規制が異なってきます。

⑴　提案権・投票権

トークンに提案権・投票権があるものをガバナンストークンといいます。保有者は、提案権・投票権を使って、DAOの運営の意思決定に参加することができます。

⑵　イメージデータ

トークンに、BAYCのサルやNounsのメガネのキャラクターといったデジタル画像や動画などのイメージデータを結びつけることができます(注58)。トークンに魅力的なデジタル画像・動画をつけることで、購入者の購入意欲をかきたてることができます。その場合、誰もが同じ画像・動画を持っているとなると購入意欲がかきたてられませんし、トークンに対する愛着も下がるので、個性を持たせるために代替不可能であるNFTにすることが一般的です。

⑶　商品・サービスの支払手段

トークンと引換えに、商品・サービスの提供を受けるようにすることができます。例えば、トークンをプリペイドカードのような使い方をする場合に

（注58）　ここでは典型例である画像・動画を挙げたが、音楽などもデータになり得るもので人が享受するものであればすべて対象となり得る。

【図表1-24】 トークンの権利・機能

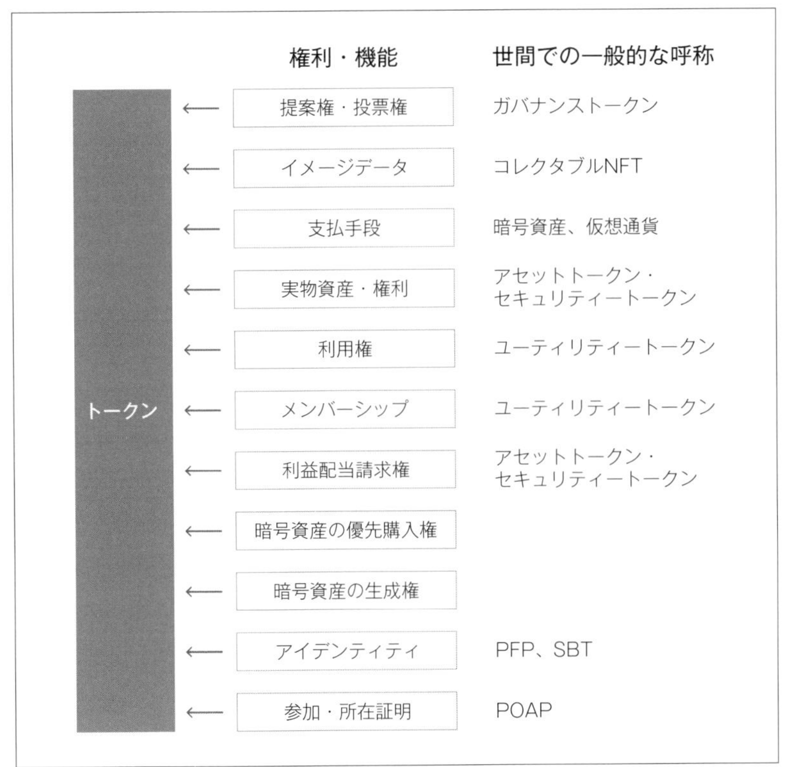

は、トークンを支払手段として利用していることになります。

(4) 実物資産／権利（アセットトークン・セキュリティトークン）

実物資産や権利を裏付けにしたトークンを発行することができます。このようなトークンはRWA（Real World Token）トークンと呼ばれることがあります。他者が事業活動を行うことでトークン保有者に投資リターンを得させることを目的とする場合にはセキュリティートークン（STO）と呼ぶことがあります。その場合、トークンは物権、債権や契約上の地位を表章していることになります。物権、債権や契約上の地位をトークン化することで、取引を容易にし、取引コストを下げることができます。

⑸　商品・サービスの利用権（ユーティリティ／実用性）

トークンを持っていることで、特定の物やサービスを利用できるようにすることができます。Axie Infinityでは、ゲームのキャラクターであるアクシーのNFTを保有することで、ゲームに参加することができます。トークンがホテルの鍵代わりになって、ホテルの宿泊に利用できるというのも、このような利用方法です。

⑹　メンバーシップ

トークンを保有していることを、特定のコミュニティに入ることの許可証にすることができます。例えば、BAYCでは、トークンをもっていないとBAYCコミュニティに入ることはできませんし、山古志DAOではデジタル村民になるためにはNishikigoi-NFTを保有していなければなりません。

⑺　利益配分を受ける権利

トークンを保有していることで、プロジェクトの得た利益の配分を受けることができるようにすることができます。例えば、分散型取引所（DEX）で利用されるLPトークン（注59）に対しては、DEXプラットフォームに流動性を供給する（通貨ペアを預ける）ことに対する見返りとして交付され、保有者に対してDEXでの取引から得られた取引手数料の配分がされます。

⑻　暗号資産の優先購入権

トークン保有者に、同種のトークンや他の種類のトークンを優先的に購入する権利を与えるようにすることができます。株式でいえば、新株引受権やストックオプションを付与するようなものです。これにより、現在のトークンの価値を高めるとともに、将来トークンを発行したときに資金調達がしや

（注59）　前掲（注39）を参照。

すくなります。

⑼ 暗号資産を生成する権利

トークン保有者に、同種のトークンや他の種類のトークンを生成する権利を与えるようにすることができます。トークンから別のトークンを生成し、それを売却することにより、トークン保有者は利益を得るようにすることや、新たに生成したトークンから別のサービスを受けることができるようにすることができます。トークン保有者が元のトークンの保有を継続しつつ利益も得たいというような場合に、生成した新トークンを売却することで利益を得られるという設計をすることもできます。また、A トークンと B トークンを合成して、よりレベルアップした C トークンを生成するという設計をして、トークンの購入意欲やゲーム性を高めることもできます。

⑽ アイデンティティ

トークン保有者が誰であるかというアイデンティティを示すことができます。例えば、SNS などのプロフィール画像として使用される PFP（Profile Picture〔プロフィール・ピクチャー〕）や、特定の人に発行され、その人の社会的関係を記録した譲渡不可能な SBT（Soul Bound Token）があります。

⑾ 参加・所在証明

ある時に一定の場所にいたことを証明するものとして、POAP（Proof of Attendance Protocol）があります。POAP は、イベントに参加した際の証として発行するといった形で利用されており、NFT 化された参加証明といえます。イベントの主催者は POAP を配布することでコミュニティの構築やマーケティングに活用することができます。POAP をもらうイベントの参加者は、POAP を受け取ることで参加イベントをブロックチェーン上の記録として残すことができます。レアなイベントや POAP に付された画像・動画が魅力的な場合には、コレクションの対象にもなります。

このように、トークンの設計に当たり、トークンに、さまざまな性質・権利・機能を付与することができます。そして、どのような性質・権利・機能を付与するかによって、法的規制も変わってきます。

6　トークンの配布

トークンを発行する場合には、トークンの配布の方法も検討対象となります。トークン配布の主な方法としては、①トークンの販売、②エアードロップ、③コントリビュータへの支払が挙げられます。

エアードロップとは、一般的に、無料でトークンを配布することを意味します。エアードロップは、ユーザー層を拡大するためのマーケティング目的や、サービスを利用してくれたユーザーへの感謝の気持ちを示したり、利益を還元するためなどの目的で行われます。

トークンを受け取った人は、そのトークンを使ってサービスを利用することや、サービスに対するロイヤリティの向上が期待できるため、トークンを無料で配布したとしても、プロジェクトにそれを上回るメリットがあり得ると考えられています。

トークンの配布は、トークンの需給を変動させるので、トークンの価値に大きな影響を与えることになります。トークンを配布しすぎて、トークンの価値が下がるという現象もよくみられます。

トークンの配布については、**第2節4**で紹介したUniswapのように、事前に誰にどのようにトークンを配布するのかを計画し、それを公表しているケースもあります。このような計画が公表されていれば、トークンの将来の需給についてある程度の予測が可能となり、トークンへの信頼・投資が促進されることになります。

トークンの配布は、DAOの分散度にも影響します。トークンをユーザーに多く配布した場合には、DAOの分散度が高まることになります。他方で、コアチームや投資家に多く配布する場合には、DAOの分散度が下がることになります。

なお、コントリビュータに対するトークンの配布の１つとして、レトロアクティブ・パブリックグッズ・ファンディング（Retroactive Public Goods Funding：RPGF）が提唱されています。RPGFは、OSS開発のような公共財への資金調達が困難な状況を踏まえ、公共財に持続的に資金を供給する方法として、ヴィタリック・ブテリンとオプティミズムによって提唱されました（注60）。RPGFの基本コンセプトは、「何が将来に役に立つかよりも、過去に何が役に立ったかについて合意する方が簡単」というものです。

具体的には、公共財から得られた収益をDAOに蓄積し、コントリビューターが過去にその公共財についてどのような活動・貢献をしたかをDAOが判断して、コントリビューターの報酬を分配するというものです。RPGFは、報酬の分配を、過去の活動・貢献によって判断するので、将来どのような成果を上げるかを判断するよりは、判断が容易になるとされています。

１つのトークンにさまざまな機能を持たせることは可能ですが、別々の機能を持つ複数のトークンを発行することも考えられます。

例えば、ユーティリティ機能とガバナンス機能の両方を持つトークンを発行した場合、トークンの価格がユーティリティとしての価値とガバナンスとしての価値の２つを反映することになってしまいます。その結果、例えば、トークンの価格が高くなりすぎてユーティリティとして使い勝手が悪くなったりするケースや、逆にトークンの値上がりが期待できず、トークンの魅力が減少するケースなどの弊害が生じることがあります。そもそも、サービスを利用するユーザはトークン価値が安定してほしいと考える傾向があるのに対し、トークンに投資する投資家は、トークンの価値が上昇してほしいと考えるので、１つのトークンにユーティリティの機能とガバナンスの機能を詰め込むのは、矛盾を抱えることになります。

そこで、ユーティリティとしての機能を持つトークンとガバナンス機能を

（注60） https://medium.com/ethereum-optimism/retroactive-public-goods-funding-33c9b7d00f0c

持つトークンを分けて、機能ごとにトークンを発行することが考えられます。

　実例としても、MakerDAOは、ステーブルコインのDaiとガバナンストークンのMKRを別々に発行しています。このように、2種類のトークンを発行することをデュアルトークン・モデルと呼ぶこともあります。

第2章
DAOの法律

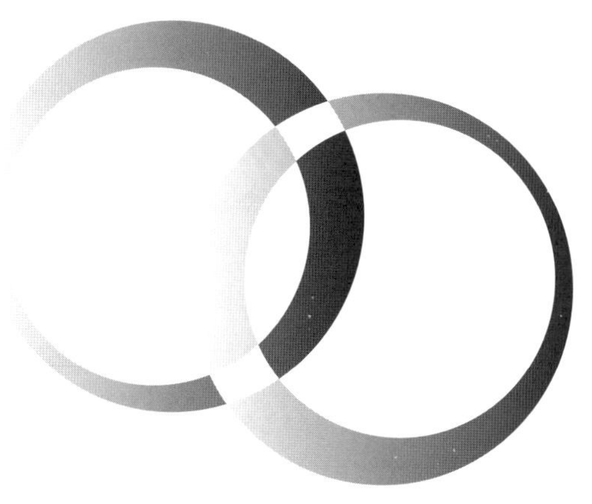

第1節　DAOの法律問題（総論）

本節では、DAOを組成・運営する場合の法律問題の概要を述べます。詳細は次節で解説します。

1 DAOの組織形態

DAOを作る場合、法的にその組織形態をどのようにするかが問題となります。どのような組織形態にするかによって、メンバーが負う責任、DAO自体が契約の当事者になれるか、権利義務を明確にできるか、税金がどうなるかが変わります。

日本法では、法的な組織形態として、民法上の組合、有限責任事業組合、権利能力なき社団、株式会社、合同会社、一般社団法人、一般財団法人、特定非営利活動法人（NPO法人）などがあります。米国では、Unincorporated Nonprofit Association（UNA）、Limited Cooperative Association（LCA）、Limited Liability Partnership（LLP）、Limited Liability Company（LLC）、Corporationなどがあります。

米国では、ワイオミング州などのいくつかの州では、「DAO」という組織形態が認められていますが、日本では法的には「DAO」という組織形態は認められていません。そのため、既存の組織形態のいずれかを利用することになります。

次に、組織形態によって、どのような点が異なることになるのか解説します。

(1) メンバーが負う責任

民法上の組合では、組合の運営によって生じた債務（借入金や損害賠償など）については、組合のメンバーが全額について無制限で弁済すべき責任を負います。これを無限責任といいます。これに対して、株式会社では、株主は出資金の範囲でしか責任を負いません。これを有限責任といいます。権利能力なき社団、有限責任事業組合、合同会社、一般社団法人、一般財団法人、特定非営利活動法人（NPO法人）も有限責任です。

もっとも、権利能力なき社団は、法律に基づいて設立される組織でないため、どのような場合にメンバーが有限責任となるのか不明確であり、法的不安定性があります。

(2) 法人格の有無

法律上の権利・義務の主体となることを認められた資格を法人格といいます。組合や権利能力なき社団は法人格を有しません。これに対して、自然人、株式会社、合同会社、一般社団法人、一般財団法人、特定非営利活動法人（NPO法人）は法人格を有します。

法人格がある団体は、契約の当事者や、不動産の登記名義人や特許権の登録者になることができるので、スムーズに取引ができます。

これに対して、組合や権利能力なき社団は、法人格がないため、団体として、契約の当事者や、不動産の登記名義人や特許権の登録者になることはできません。そこで、メンバーの誰かを代表者として契約、登記、登録をすることになります。この場合、代表者が交代するとそれによる手続が必要となるほか、財産を持ち逃げされるといったリスクがあります。取引相手から見ると、団体相手ではなく、個人を相手にすることになるので、不安を持たれることもあります。銀行口座を開くことは可能な場合がありますが、法人格がある団体と比べるとスムーズには進みません。

⑶　メンバーの名簿の整備

組織はメンバーによって構成されます。組合であれば組合員、株式会社であれば株主がこれに当たります。多くの法律では、組織のメンバーについて氏名、住所等を記載した名簿を作成することを義務付けています。例えば、株式会社では、氏名・住所等の記載した株主名簿の作成義務があり（会社法121条）、合同会社には社員（会社法では社員とは従業員のことではなく、メンバーのことを社員と呼ぶ）の氏名・住所等を定款に記載しなければなりません（同法576条1項4号）。一般社団法人でも社員の氏名・住所等を記載した社員名簿の作成が必要です（一般法人認定法32条）。他方、民法上の組合では組合員名簿の作成は必須ではありません。権利能力なき社団についても、（そもそも法律の規定によって認められたものではないので）権利能力なき社団における名簿作成義務に関する法律の規定はありません。

このように多くの法律では、メンバーの名簿に氏名・住所等を記載した名簿の作成が義務付けられていますが、DAOの場合には、メンバーの匿名性が前提とされることも多く、そのような場合には、氏名・住所等を記載した名簿の作成ができず、法律上の義務を果たすことができません。逆にいえば、メンバーが匿名であるDAOにおいては、メンバーの名簿の作成義務がある組織形態は選ぶことができないことになります。

⑷　代表者の有無

株式会社の代表取締役が代表者の典型例ですが、法人格のある団体については、誰が団体を代表するか法律によって定められており、代表者の存在が必要とされています。法人格のない団体については、代表者が必要とされない団体もありますが、権利能力なき社団については、判例は、メンバーの無限責任が認められるための判断要素として代表の方法が確定していることを挙げています[（注1）]。

（注1）　最判昭和39・10・15民集18巻8号1671頁。

分散型の組織であるDAOにおいて、代表者を定めることは不可能ではないものの、その分散的な本質には沿わないものと考えられます。

(5) 税務

法人格がある団体は、その法人に対して課税がされます。もっとも、法人の種類によって税務関係は異なり、例えば、特定非営利活動法人（NPO法人）はその公益性を考慮して税金が優遇されています。

法人格がない組合は、組合の収益について組合には課税されず、組合員に対して課税されます。他方で、権利能力なき社団は、法人税法上の「人格のない社団等」に当たる場合には法人として課税されます。

このように、組織形態によって、無限責任・有限責任の違い、法人格の有無、メンバー名簿の作成の必要性、税務関係が異なるため、DAOを作るに当たってどの組織形態を選択するかは重要です。

2 トークンと法律問題

トークンを発行する場合には、法規制に違反していないかを検討することが必要です。特に、トークンで資金をやりとりする場合には金融規制に抵触しやすいため、注意が必要です。トークンに関する法規制としては主に以下のものが問題となります。

(1) 利益を分配する場合

トークンが利益を分配するものである場合には、有価証券に当たる可能性があります。トークンは有価証券のうち、電子記録移転有価証券表示権利等や電子記録移転権利に該当する可能性が高いと考えられます。トークンがこれらに当たる場合には、原則としてトークンの募集は金商法に従って行う必要があります。また、有価証券の売買などを業として行うには金融商品取引業の登録が必要となります。

⑵　代金支払（決済）の機能を持つ場合

トークンが、代金支払の機能を持つ場合には「暗号資産」として資金決済法による規制対象になる可能性があります。

資金決済法は、①不特定の者に対して代金の支払に使用でき、②不特定の者と売買（法定通貨との交換）ができ、③電子情報処理組織を用いて移転できる財産的価値で、④法定通貨および通貨建資産でないものを暗号資産と定義しています（資金決済法2条5項1号）。

また、①不特定の者を相手に1号暗号資産と相互に交換できる、②電子情報処理組織を用いて移転できる財産的価値で、③法定通貨および通貨建資産でないものも暗号資産とされています（資金決済法2条5項2号）。

ビットコインやイーサリアムは暗号資産に当たります。トークンが暗号資産に当たる場合には、その売買等を業として行うには暗号資産交換業の登録が必要となります。そのため、トークンを発行して資金を調達するICOと呼ばれるスキームでは、基本的に発行者において暗号資産交換業の登録が必要となります。

⑶　法定通貨建ての場合

トークンが、ドルや円などの法定通貨で表示され、法定通貨と交換できる場合には、資金決済法上の電子決済手段として取り扱われることになります。これは、ステーブルコインと呼ばれるもので、USDCやUSDTなどがあります。

⑷　前払の場合

トークンが、商品やサービスの購入代金の前払の性質を持つ場合には、資金決済法における前払式支払手段に当たる可能性があります。プリペイドカードは前払式支払手段の典型例です。前払式支払手段に当たる場合には、原則として未使用残高の2分の1を法務局に供託等の保全措置をとる必要があります。また、前払式支払手段には、トークンの発行者に対してのみ使える自家型と、発行者以外の者にも使える第三者型があり、自家型は届出で足りますが、第三者型の場合、財務局の審査を受けて登録される必要があります。

(5) NFTの場合

NFTは代替不可能であり、通常は、代金の支払に利用することができないことから、上記の金融規制はかかりません。もっとも、NFTが決済に利用できる場合には暗号資産とみなされる可能性があるので注意が必要です。なお、最小取引単位が1,000円以上であるかトークン発行数量が1,000個以下である場合には、暗号資産に原則として当たらないとされています。また、NFTに画像・動画が利用される場合には著作権が問題となります。

(6) 賭博罪

トークンの配布に際して、ユーザーの購入意欲を高めるためにギャンブル性の施策をとる場合、刑法の賭博罪に当たる可能性があります。

(7) 景品表示法

ユーザーの購入意欲を高めるため、ユーザーにトークンを無償で配布することがあります。また、トークンをガチャによって配布することがあります。これらの場合には、景品の配布を規制する景品表示法が問題になることがあります。

3 海外のDAO法

日本においてはDAOに関する法律はありませんが、海外ではDAOに関する法律が制定されているものがあります。ここでは、世界初のDAO法といわれている米国のワイオミング州のDAO法について解説します。なお、米国ではバーモント州[注2]とテネシー州[注3]にもDAOに関する法律があります。

ワイオミング州は、2021年に、既存の有限責任会社法（注4）を改正し、DAOを有限責任会社（LLC）の新たな類型として認めました。これにより、ワイオミング州において、DAOをLLCとして登記できるようになりました。同法では、DAOに法人格が認められており、従来の企業や組織と同様に、契約や訴訟、資産の管理などを行うことができます。また、DAOのメンバーはDAOの債務について無限責任ではなく、有限責任を負うことになりました。

ワイオミング州のDAO法は以下の規定を設けています。

① 組織の名称として「DAO」、「LAO」、「DAO LLC」などを含めなければならない。

② 定款には、DAOの管理、促進、運営に直接使用されるスマートコントラクトの識別子を含めなければならない。

③ DAOの運営に関する権限は、メンバーまたはメンバーとスマートコントラクトに帰属する。

④ スマートコントラクトには、メンバー間およびメンバーと自律分散型組織との関係、メンバーとしての資格を有する者の権利および義務、DAOの活動とその遂行、運営規約の変更の手段と条件、メンバーの権利および議決権、メンバーの地位の譲渡性、メンバーからの脱退、解散前のメンバーへの財産分配、組織規程の改正、適用されるスマートコントラクトの修正、更新、編集または変更の手順、その他、DAOに関す

（注2） バーモント州では、2018年に有限責任会社（limited liability company）の一種として、ブロックチェーン基盤有限責任会社（blockchain-based limited liability company. BBLLC）の設立が可能となった。

（注3） テネシー州では、2022年に、Title48「Securities, Corporations and Associations」を改正して、テネシーLLCとしてDAOを設立・登記することを認めた。

（注4） Wyoming Limited Liability Company Act (Title 17 Chapter 29). DAOはTitle 17のChapter 31に規定されている。提出法案については、https://www.wyoleg.gov/Legislation/2021/SF0038、Wyoming Limited Liability Company ActをTitle 17の全体については、https://wyoleg.gov/statutes/compress/title17.pdf参照。

るすべての事項に関する規定がされていなければならない。

⑤ 運営形態としてメンバー運営型とアルゴリズム運営型のいずれかを選べるが、アルゴリズム運営型のスマートコントラクトは、更新、修正、その他のアップグレードができなければならない。

⑥ メンバーは、定款等に定めがない限り、DAOまたはそのメンバーに対して善管注意義務を負わない。

⑦ ワイオミング州内に登録代理人を置かなければならない。

⑧ DAOがパブリック型で透明性あるブロックチェーンにより運営される場合には、メンバーはDAOに関する記録の閲覧請求権はなく、DAOは、その活動や財務状況についてメンバーに情報提供する義務を負わない。

⑨ 定款、スマートコントラクト、運営契約に定められた条件に従ってのみ、DAOから脱退できる。

⑩ DAOが1年の間いかなる提案も承認せず、いかなる行動もとらなかった場合には解散しなければならない。

⑪ 法人課税を選択しなければパススルー課税となりDAOで発生した利益がDAOに課税されず、DAOに出資をするメンバーに課税される。

このようなDAO法の規定は、DAOに法人格とメンバーの有限責任を認めている点で有意義であるものの、DAOに関する運営事項を定款に定めることや登録代理人の設置が求められているなど、柔軟な運営には支障が生じたり、負担が重たいものとなっています。

このDAO法に対しては以下の批判がなされています[注5]。

① LLCの資本を毀損して債権者を害する分配を受けた者は債権者に対して個人責任を負うかもしれないのにこれを緩和する措置を講じていない。

(注5) 柳明昌「DAOの法的地位と構成員の法的責任」法学政治学論究：法律・政治・社会132巻(2022) 39頁。

② スマートコントラクトのアドレスを定款に記載して登記することを要するとされるため、セキュリティやプライバシーの問題が生じるなど、既存のLLCを設立するより負担が重い。
③ スマートコントラクトを法的合意であるとの見解に依拠しているが、スマートコントラクトは必ずしも法的合意に代わるものではない。また、すべてのDAOは最終的には人間によって管理され、アルゴリズムのみによって管理されているものではない。
④ LLCをDAOと同一視することはDAOの目的や文化を誤解するものである。

ワイオミング州DAO法は、DAOの法制化について一石を投じたものといえ、数多くのDAOがワイオミング州で登記したと伝えられていますが、規制が多くコストもかかることから、必ずしも使い勝手がよいものと受け取られていないとされています。

第2節　DAOの組織形態（日本法）

1 組織形態に関する考え方

(1) 組織形態に関する考え方

DAOが法律上どのように取り扱われるかは、DAOが法律上どういう組織形態で組成されているか次第となります。現時点では、日本の法律にDAOのための特定の組織形態が用意されているわけではありません（注6）。そのため、既存の組織形態を意識してDAOを組成した場合には基本的にその組織形態であると取り扱われますし、特定の組織形態を意識せず組成したDAOの場合にはその特徴に照らしてどの組織形態に該当するかが判定・評価されることになります。特定の組織形態を意識せず組成したDAOの場合には、法律上および税務上どのような取扱いを受けるかについての予見可能性が低く、既存のどの組織形態に該当させるかを意識してDAOを組成することが望ましいと考えられます。

どの組織形態を選択するかについては、DAOの目的に沿った特徴を備えた組織形態であることに加え、当該組織形態がどのような法規制を受けるかについても考慮することが必要となります。日本法で組成可能な組織形態はどれもDAOにとっては一長一短があり、DAOの行う活動内容によって何

（注6）　日本でも、DAOを法律上の組織形態として認める立法が検討されているが、仮に、そのような法律が立法されたとしても、どの組織形態を選ぶかという問題は残る。

が最適かを検討する必要があり、DAOの組織形態にはさまざまなものがあり得ます。また、DAOに関して発行するトークンについても法規制が問題になりますが、DAOがどの組織形態で組成されているかによってトークンに対する法規制が影響されることがあります。

DAOの典型的な特徴としては、中央集権的な管理が弱いこと（分散性）、メンバー全体による意思決定および活動がなされること（自律性）、メンバーの変動可能性の高いこと、メンバーの匿名性に対する要請が高いことなどがあります。加えて、DAOとして取引活動を行う場合にはDAOとして取引主体となり得るか、メンバーはDAOの債務について無限責任を負うか否かも重要な視点となります。

このような観点から組織形態を選択していくこととなりますが、DAOは必ずしも単一のエンティティで組成する必要はなく、DAO本体と運営組織を分けるといったように、複数のエンティティを用いたストラクチャーで組成することもできます。後記2において単一の組織で作る場合の各組織形態の特徴を説明し、後記3において複数の組織で作る場合の考慮要素を説明します。

なお、世界中の者が参加者となる可能性があるDAOにとって、そもそも日本法に基づくエンティティでよいかも検討が必要となりますが、以下は日本法の適用を前提とした場合のDAOの組織形態について概説します。

(2)　法形式を意識しないで組成するDAO

上記の通り、特定の組織形態を意識せず組成したDAOは、その特徴に照らしてどの組織形態に該当するかが判定・評価されることになりますが、法人格を有するエンティティとして組成していないことから法人とは認められず、後記(3)のようにDAOと呼ばれているが単なるサービス提供であるような場合を除いて、多くの場合、権利能力なき社団または民法上の組合と評価される可能性が高いと考えられます。権利能力なき社団要件やその特徴は後記2(3)を参照してください。権利能力なき社団に該当しない場合、全参加者により事業を行う組合を組成するという契約が存在する民法上の組合であると見られる可能性が高いと考えられます。民法上の組合の特徴については後記2(1)❶を参照してください。

DAOを特定の法形式を意識せずに組成した場合、事後的にどの組織形態であるか評価されることとなりますので、予見可能性が低いといわざるを得ません。そのため、あらかじめどの組織形態で組成するかを意識してDAOを組成することが望ましいと考えられます。

(3) DAOと呼ばれてもDAOではないもの

DAOと呼ばれていても、実際は単なるサービスの提供であることがあります。参加者が運営に関する意思決定への参加権を持たなければ、それは実際にはサービス提供者との契約に基づき一定のサービスを利用しているだけとなります。利用者による何らかの意思決定があるとしても、意思決定の内容がプロジェクトとしての意思決定に関係するものでなく利用者としての範囲にとどまる場合には、DAOの重大な要素である自律性を欠いている点で、それはやはり本来のDAOとはいえません。

実際上の判定は難しいケースも多いものの、例えば、一定のWebサービスが提供され、利用者によって実装してほしい機能に関する投票が行われつつも、サービス提供者が実現可能性を踏まえて採否を決定して実装するような仕組みの場合には、それはDAOではなく、単なるサービスの提供であるとされる可能性が高く、その場合には、そもそも組織ではないことから、組合にも権利能力なき社団にも当たらないと考えられます。

2 DAOを単一の組織で作る

(1) 単一の組織で作るメリット・デメリットと組織形態の選択

DAOの組織形態として、単一の組織で作る場合と、複数の組織を組み合わせて作る場合が考えられます。DAOを単一の組織で作る場合、DAOのストラクチャーおよび内部運営ルールは比較的シンプルなものとなり、規制法や税法上の取扱いも比較的わかりやすくなります。ただし、選択可能な組織形態の中に組成しようとするDAOの特徴に適したものがあるかが問題となります。後述の通り、典型的なDAOに最適な組織形態は存在せず、どの組織形態も一長一短があるため、複数の組織を組み合わせるほうがよりDAOの運営に資することもあります。

以下ではDAOの運営という観点からそれぞれの組織形態の特徴を説明していきますが、法人形態は、中央集権的な管理なしにメンバー全体による意思決定および活動がなされるというDAOの自律性の実現性とは異なる組織形態であるため、典型的なDAOのコンセプトにはそぐわないと考えられます（注７）。

なお、組織形態の選択においては税務も問題となりますが、こちらについては後記**第４節**を参照してください。

⑵　契約形態で組成するDAO

❶　民法上の組合

民法上の組合は、当事者の合意によって成立し、契約は書面で作成する必要はなく、黙示の合意によっても成立します。登記などの手続は必要とされません。組合に関するルールは民法に定められていますが、民法に定められたルールは契約によって上書き変更が可能なものが多く、当事者間の合意によって自由にルールを決めることができる部分が多くなっています。そのため、メンバーによる自律度の高い運営を行うことおよびメンバーの変動可能性を認めることが可能で、DAOの目的に沿った柔軟なルール設定を行うことができます。また、組合員名簿の作成やその閲覧・謄写に関する規制もなく、基本的に組合契約において自由にルールを定めることができます。そのためメンバーを匿名とすることが可能です。民法上の組合においては、利益

（注７）　日本法における組織形態の選択肢としては、組合および法人のほかに信託があるが、受託者（または受託者から権限の委託を受けた者）に活動を委託することになり、メンバーの意思決定により活動するというDAOの性質にそぐわないほか、業者として規制を受ける信託会社または信託銀行が関与することによるコスト増の問題もあるため、信託形態をとることはあまり想定されない。

【図表2－1】 組織形態の特徴

	自由度	目的	自律度	有限責任	メンバー変動	匿名性	取引活動	利益分配	法的安定	税務
民法上の組合	○	自由	○	×	○	○	×	○	○	構成員課税
投資事業有限責任組合	△	投資のみ	×	○	○	○	△	○	○	構成員課税
有限責任事業組合	○	自由	○	○	×	×	×	○	○	構成員課税
匿名組合	○	自由	×	○	○	○	○	○	○	ペイスルー
権利能力なき社団	○	自由	○	○	○	○	△	○	×	法人課税
株式会社	×	自由	×	○	○	△	○	○	○	法人課税
合同会社	○	自由	○	○	×	×	○	○	○	法人課税
一般社団法人	△	自由	×	○	○	×	○	×	○	法人課税 特例あり
一般財団法人	△	自由	×	○	×	×	○	×	○	法人課税 特例あり
特定非営利活動法人	△	△	×	○	○	○	○	×	○	原則非課税 その他の事業は課税

の分配は可能とされ、契約によって分配ルールを自由に定めることができます。

もっとも、民法上の組合については法人格がない点が問題になり得ます。DAOの行うプロジェクトにおいて法人格を必要とする取引（許認可の取得および登記を含む）が想定される場合には法人格がないことがプロジェクト遂行の妨げになる可能性があります。

また、民法上の組合の場合、すべてのメンバーが組合の債務について無限責任を負うという問題もあります。DAOの実施するプロジェクトの内容が債務を負わない性質のものであれば各メンバーの無限責任は支障にはなりませんが、DAOのプロジェクトが債務を負うような内容であればメンバーにおける無限責任は参加者を募ることへの支障になる可能性があります。もっとも、DAOのメンバーが分散している場合やDAOのメンバーが匿名である場合などには、DAOの債務について債権者が各メンバーに対してどのように権利行使できるか、権利行使が費用対効果として見合うかという問題もありますので、理論上は各メンバーが無限責任を負うとしても実際上は法的な責任追及を受けるリスクが低い場合もあります。その意味では実際上は無限責任が問題とならないこともありますが、DAOと取引しようとする者からすると各メンバーに対する責任追及可能性が低いことをリスクと考える可能性があり、その場合にはDAOとしての取引に支障が出る可能性があります。

民法上の組合では、存続期間を定めた場合であっても、メンバーはやむを得ない理由があるときに脱退が認められます（民法678条２項）。たとえ契約または規約で一切の脱退を認めないとの条項を記載していたとしても、その効力は否定されます（注８）。そのため、民法上の組合としてDAOを組成する際には、やむを得ない理由によって脱退するメンバーが出た場合にどのように対処するかのルールを検討し、その内容を契約または規約に組み込んでおく必要があります。また、組合では、脱退者に対して、脱退の時を基準時として、脱退組合員が組合財産の上に有していた持分を計算し、払い戻すことが原則とされていますので（同法681条２項）、払戻しをしない場合には組合契約でこの点を明確に定めておく必要があります。

❷　投資事業有限責任組合

投資事業有限責任組合は、投資事業有限責任組合契約に関する法律に基づき組成されますが、同法３条１項、同施行令２条から４条によって投資に関する行為のみを目的にできるとされていますので、Investment DAO以外のDAOに用いることは難しいと考えられます。また、組合員の地位が運営を担当する無限責任組合員と運営に関与しない有限責任組合員に分けられており、中央集権的な仕組みであることから、全メンバーによる運営という

（注８）　最判平成11・２・23民集53巻２号193頁。

DAOの特徴にそぐわない制度となっています。有限責任組合員に有限責任が認められている点はメリットとして挙げられますが、「有限責任組合員に組合の業務を執行する権限を有する組合員であると誤認させるような行為があった場合には」無限責任を負うとされていますので（投資事業有限責任組合契約に関する法律９条３項）、有限責任組合員であるメンバーがDAOの意思決定に参加する仕組みを採用してしまうと有限責任のメリットが失われるリスクがあります。

分配に関するルールは、貸借対照表上の純資産額を超えた分配ができない（投資事業有限責任組合契約に関する法律10条１項）以外は自由に定めることができ、地位譲渡に関する制約もありません。また、組合員名簿の作成やその閲覧・謄写に関する規制もなく、基本的に組合契約に自由にルールを定めることができます。

投資事業有限責任組合は、脱退事由が法定されており、また、契約で一切の脱退を認めないとの条項を記載していたとしてもその効力は否定されると考えられるため、脱退するメンバーが出た場合にどのように対処するかのルールを検討し、その内容を契約に組み込んでおく必要があります。

❸ 有限責任事業組合

有限責任事業組合は、有限責任事業組合契約に関する法律に基づいて組成されます。メンバー全員による運営が原則とされている点はDAOの性質に合致する組織形態であるといえます。また、メンバー全員に有限責任が認められるというメリットがありますが、「組合員の氏名又は名称及び住所」は登記事項とされており（有限責任事業組合契約に関する法律57条１項・４条３項４号）、変更があった場合には２週間以内の変更登記が必要とされますので（同法58条）、メンバーが変動することが想定されたり、匿名のメンバーを認めたいDAOにおいては有限責任事業組合は選択肢となりにくいと考えられます。

分配については、債権者保護のために分配可能額による分配制限が定められているほか（有限責任事業組合契約に関する法律34条１項・２項）、損益分配の割合について「各組合員が履行した出資の価額」に応じて行うことが原則とされています。損益分配の割合について、例外的取扱いは総組合員の同意が必要とされていますが（同法33条）、DAOにおいてはこの柔軟性の低さはあまり問題にならないかもしれません。

また、有限責任組合には法人格がなく、法人格を必要とする取引（許認可の取得および登記を含む）が想定されるプロジェクトの場合には法人格がないことがプロジェクト遂行の妨げになる可能性があります。脱退事由が法定されており、また、契約で一切の脱退を認めないとの条項を記載していたとしてもその効力は否定されると考えられるため、脱退するメンバーが出た場合にどのように対処するかのルールを検討し、その内容を契約に組み込んでおく必要があります。

❹ 匿名組合

組合形態のエンティティとしては匿名組合もあります。目的の制限がない点、契約の方式も自由であり内容についても柔軟性が高い点、利益分配、地位譲渡および名簿作成に関する規制がない点、登記が必要とされない点、匿名組合員は有限責任であると考えられている点など、匿名組合にはDAOにとって好ましい点も多くあります。また、営業者が自己の名義で取引活動を行うため取引活動への制約もありません。

もっとも、匿名組合は、運営を担う営業者と運営に関与しない匿名組合員によって構成されるエンティティであるため、中央集権的であり、全メンバーによる運営というDAOの特徴にそぐわない制度となっています。

また、匿名組合契約またはその他の合意により、営業者はメンバー（匿名組合員）の多数決による意思決定に従う旨を定めることもできますが、そのような合意が存在する場合には、匿名組合ではなく民法上の組合であると認定される可能性があります。

(3) 権利能力なき社団で組成するDAO

❶ 有力な選択肢

権利能力なき社団は、法令によって認められた組織形態ではなく判例によって認められている組織形態で、当事者の合意によって組成されます。判例は、「権利能力のない社団といいうるためには団体としての組織をそなえ、そこには多数決の原則が行なわれ、構成員の変更にもかかわらず団体そのものが存続し、しかしてその組織によつて代表の方法、総会の運営、財産の管理その他団体としての主要な点が確定しているものでなければならない」と述べています（注9）。

権利能力なき社団は、目的の制限がない点、利益分配、地位譲渡および名簿作成に関する制約がない点、内部ルールも比較的自由に定めることができる点から、基本的にDAOにとって望ましい組織形態であると考えられます。

権利能力なき社団に法人格は認められていませんが、財産は「総有」とされ（注10）、各メンバーによる共有持分の払戻しは認められないため、組織としての継続性が高いといえます。また、判例は、メンバーの責任を有限責任とし、メンバーが社団に出資した限度でのみ責任を負うとしています（注11）。

もっとも、権利能力なき社団には法人格がなく、法人格を必要とする取引が想定されるプロジェクトの場合には法人格がないことがプロジェクト遂行の妨げになる可能性があります。しかしながら、社会実態がある団体として、団体名義での銀行口座が認められているほか（ただし、一定の制約はある）[☞❸]、訴訟においても当事者となることができるなど（民事訴訟法29条）、一定の範囲では取引活動への支障が緩和されているといえます。ただし、取引相手の視点に立てば、内部ルール等が自由に設計でき、代表者の権限等が明らかではないなどの理由により、権利能力なき社団との取引活動を避けたいと思われる可能性は存在します。また、許認可を得るためには基本的には法人または個人である必要があり、許認可の取得を必要とするプロジェクトの場合には支障になる可能性があります。

（注9） 最判昭和39・10・15民集18巻8号1671頁。
（注10） 前掲・最判昭和39・10・15、最判平成26・2・27民集68巻2号192頁。
（注11） 最判昭和48・10・9民集27巻9号1129頁。

❷ 法的安定性に関するリスク

もっとも、権利能力なき社団は法令に根拠がないため、DAOが権利能力なき社団と認められるかは最終的には裁判所の判断となります。DAOは新しい概念であり先例が乏しいため、権利能力なき社団とするつもりで組成した団体がその通り認定されるかについては、予見可能性が高いとはいえません。また、メンバーの変動可能性が高いDAOではメンバーの人数が極端に少なくなる可能性もありますが、どのような仕組みであれば「団体としての組織をそなえ」という要件を維持できるかも明らかではありません（注12）。そのため、メンバーの有限責任性が確保されているかについても、株式会社において株主の有限責任が法律で明確に規定されていることと比べて、不明確であるというデメリットがあります。

さらに、権利能力なき社団と認められたとしても、権利能力なき社団の名義による登記はできず、代表者名による登記にならざるを得ない点も問題を生じさせる可能性があります。権利能力なき社団は、代表者個人名義によって登記したとしても権利能力なき社団として第三者に権利を対抗できるとされていますが（注13）、事情を知らない取引相手方や相続人等の関係者との間で紛争が生じるなどの一定の不安定さが生じることは避けられません。また、代表者が変更になった場合には変更登記が必要となる点は法人にはない負担となります。

加えて、権利能力なき社団の訴訟等における能力や「総有」に関する議論も多く、法的な取扱いが固まっているわけではありません。この不安定さは、銀行を含むDAOと取引しようとする者がDAOと取引関係に入ることを嫌がることにつながり得る点は注意が必要です。

（注12） 権利能力なき社団は、法人の組成が制限的な時代に法人に近い実態のある組織を民法上の組合として取り扱うことの不合理さを解消するための考え方であったものであり、一般社団法人の設立が広く認められる今日において権利能力なき社団として認められる範囲が狭く解釈される可能性もある。

（注13） 東京地判昭和59・1・19下民集35巻1～4号1頁。

❸ 実務上の論点

権利能力なき社団は法令に根拠のある組織形態ではありませんので、内部ルールはすべて規約で定めることになります。権利能力なき社団と認められるためには、その要件から、団体としての内部ルールが決まっていること、多数決の原則が行われることが重要となります。

前述した通り、最高裁は、権利能力なき社団の要件として「代表の方法、総会の運営、財産の管理その他団体としての主要な点が確定している」ことを挙げています(注14)。「代表の方法」としては、代表の選任方法、権限の範囲、終任などを定める必要があり、代表の行為について理事会の承認が必要となるなどの内部的制限を定めることも考えられます。「総会の運営」としては、総会の開催頻度、開催理由、決議事項、招集手続、定足数、可決に必要な割合、議決の方法などを定める必要があります。「財産の管理」としては、財産の保有・保管方法またはその決定ルールのほか、帳簿や計算書類の作成について規約で定めることが考えられます。「その他団体としての主要な点」については、その組織の性質により異なりますが、目的、加入、脱退(除名を含む)、地位の譲渡、メンバーの権利義務、解散事由などを定めることが考えられます。

また、例えば、権利能力なき社団が銀行預金口座を開設しようとする場合、開設すること自体は可能とされていますが、以下のような書類等の提出が求められ、かつ銀行の審査を経ないと口座を開設できないことが一般的です。

① 団体の規約または会則
② 団体の活動実績がわかる資料（事業計画書等）
③ 団体の総会議事録
④ 団体の収支報告書
⑤ 代表者の本人確認書類（運転免許証等、顔写真付きの証明書類）
⑥ 来店者の本人確認書類（運転免許証等、顔写真付きの証明書類）

（注14） 前掲・最判昭和39・10・15。

⑷　法人形態で組成するDAO

❶　株式会社

株式会社は会社法に従って設立され、目的に制限はなく、法人格が認められ、プロジェクトが一定の取引活動を前提とする場合には取引活動を安定的に行うことができる点に大きなメリットがあります。利益の分配については、分配可能額による制限がありますが（会社法461条1項8号）、その制限範囲内であれば可能であり、種類株式を用いることである程度自由な分配ルールを設計することができます。

しかしながら、株式会社においては所有と経営の分離が基本とされており株主による直接の業務執行は想定されていませんので、DAOの特徴である自律性すなわち中央集権的な管理なしにメンバー全体による意思決定および活動がなされる特徴にそぐわず、DAOに向かない形態といえます。取締役会を置かずに取締役において業務執行を行うこととしつつ、定款において取締役の権限を制限することが考えられますが、定款で取締役の権限を制限したとしても、取締役（代表取締役を定めた際にはその者のみ）は会社を代表し、権限に対する制限は善意の第三者に対抗できませんので（会社法349条）、特定の者に業務執行を委ねる必要性に乏しいプロジェクトの場合には、取締役がDAO参加者の期待と異なった行為をしてしまうリスクを不必要に負うことになります。

また、定款によって株式の譲渡制限を定めない限り、株主は株式の譲渡を自由に行うことができますが（会社法127条）、株主の異動は株主名簿に記載しない限り株式会社や第三者に対抗できないとされていますので（同法130条1項）、トークンの移転があった場合にそれをどのように株主名簿に反映するかを検討することが必要となります［☞第3節❸⑶❸］。加えて、株主名簿には株主の氏名・住所を記載することになっている上に、株主は株主名簿の閲覧権をもっていますので（同法125条2項）、匿名性は確保されていない点もDAOの特徴にそぐわないものとなっています。

このほか、法令により内部運営のルールが定められており、DAOとして当事者間で合意した内部運営ルールが法令に定められた内部運営ルールと異なる可能性があります。法令の内部運営ルールに上乗せする形でDAO参加者間での合意を行うことも可能ですが、株主の合意によって法令のルールを変更できない部分もあり、自由度は高くありません。

❷ 合同会社

合同会社（注15）は会社法に従って設立され、各社員が有限責任とされ、かつ、社員によって業務執行が行われることを基本としているため、全員で意思決定を行うというDAOの仕組みに向く面があります。また、目的に制限はなく、法人格が認められることで取引活動を安定的に行うことができます。利益の分配については、利益額による制限がありますが（会社法628条）、その制限範囲内であれば柔軟に定めることができます（同法461条1項8号）。

また、合同会社においては、定款で定めない限り、社員全員が業務執行権を有し（会社法590条1項）、社員全員が会社を代表する権限を有しますので（同法599条1項）、DAOの特徴である自律性すなわち中央集権的な管理なしにメンバー全体による意思決定および活動がなされる特徴を実現することができます（注16）。

もっとも、「社員の氏名又は名称及び住所」を定款に記載する必要があるため（会社法576条1項4号）、匿名性が確保できません。また、メンバーの

（注15） 合同会社のほかにも、持分会社には無限責任社員のみからなる合名会社と、無限責任社員および有限責任社員からなる合資会社があるが、全員が有限責任である合同会社のほうがメリットが大きく、DAOの組織形態を選択する際に合名会社と合資会社が選択肢になることはないと考えられる。

（注16） すべての参加者が業務執行を行い、かつ、会社を代表することは現実的ではなく、実際上は業務執行社員および職務執行者を定めてDAOを代表させることになる場合が多くなると考えられる。全員が代表する枠組みを維持しつつ内部的に権限を制限することも考えられるが、会社法では代表権を制限したとしても善意の第三者には対抗できないとされているため（599条5項）、DAOメンバーによる勝手な行為を防ぐためには業務執行社員および職務執行者を定めることが必要となる。そうなると、結局はDAOの特徴である自律性すなわち中央集権的な管理なしにメンバー全体による意思決定および活動がなされる特徴にそぐわず、DAOに向かない形態といえる。

変動が多いDAOでは実務的な対応も難しく、合同会社はDAOに向かない形態といえます。なお、業務執行社員および代表社員は登記が必要ですが（同法914条6号～8号）、その他の社員については登記が必要でないため、有限責任事業組合よりは負担が軽いといえます。

さらに、合同会社は、株主総会よりも定款による自由度は高い面が多いものの、法令により内部運営のルールが定められており、DAOとして当事者間で合意した内部運営ルールが法令に定められた内部運営ルールと異なる可能性があります。

合同会社では、社員はやむを得ない理由があるときに退社が認められます（会社法606条3項）。また、法定の退社事由があるほか（同法607条）、持分の差押債権者による退社の制度もあります（同法611条）。そのため、合同会社としてDAOを組成する際には、退社するメンバーが出た場合にどのように対処するかのルールを検討し、その内容を定款または関連契約に組み込んでおく必要があります。

❸　一般社団法人

一般社団法人は、一般法人認定法に基づいて組成される法人です。各社員が有限責任とされ、目的に制限はなく、法人格が認められることで取引活動を安定的に行うことができます。

一般社団法人の機関設計として、理事会の設置の有無について自由度がありますが（一般法人認定法60条2項）、1人以上の理事を置かなければならないとされており（同条1項）、かつ、原則として理事が業務執行を行い（同法76条）、一般社団法人を代表するとされ（同法77条1項）(注17)、DAOの特徴である自律性すなわち中央集権的な管理なしにメンバー全体による意思決定および活動がなされる特徴にそぐわず、DAOに向かない形態といえます。

一般法人認定法では、社員たる地位の譲渡について特に規定はありませんが、社員名簿の作成が必要とされており（31条）、地位の譲渡があった場合

（注17）　代表権を制限したとしても善意の第三者には対抗できない（一般法人認定法77条5項）。

には社員名簿への反映が必要になると考えられますので、匿名性はありません。残余財産の分配は可能ですが、「社員に剰余金又は残余財産の分配を受ける権利を与える旨の定款の定め」は無効とされますので（同法11条2項）、営利目的のDAOには使いづらいと考えられます。

また、株主総会よりも定款による自由度は高い面が多いものの、法令により社員総会の招集・決議手続等の内部運営のルールが定められており、DAOとして当事者間で合意した内部運営ルールが法令に定められた内部運営ルールと異なる可能性があります。

一般社団法人の場合、株式会社と異なり、退社事由を定款に定めることができる点で柔軟性があります（一般法人認定法28条1項）。定款によって脱退を制限することもできますが、やむを得ない事由があるときはいつでも退社することができるとされていますので（同条2項）、脱退するメンバーが出た場合にどのように対処するかのルールを検討し、その内容を定款に組み込んでおく必要があります。

一般社団法人のうち「公益事業を主な目的としている法人（公益目的事業を行うことを目的としている法人）」であって認定を受けたものは公益社団法人として税務上のメリットを受けることができます。また、一般社団法人のうち非営利型の一般社団法人については、法人税法上、特定非営利活動法人（NPO法人）などと同様の「公益法人等」として扱われ、収益事業から生じた所得のみが課税対象となります。これらについては**第4節1**(2)を参照してください。

❹ 一般財団法人

一般財団法人は、一般法人認定法に基づいて組成される法人です。一般財団法人は財産の集まりであり、社員は存在しません。財団に対する財産の拠出者（設立者）は拠出した以上の責任を負うことはなく（有限責任）、目的に制限はなく、法人格が認められることで取引活動を安定的に行うことができます。

一般財団法人の機関設計として、評議員、評議員会、理事、理事会および監事を置くことが義務付けられていますが（一般法人認定法170条1項）、理事および理事会があることから、DAOの特徴である自律性すなわち中央集権的な管理なしにメンバー全体による意思決定および活動がなされる特徴にそぐわず、DAOに向かない形態といえます。

評議員会において一般財団法人の重要事項を決定する評議員は、その選任および解任の方法を定款に定めることとされており（一般法人認定法153条1項8号）、DAOのメンバーを評議員とすることも考えられますが、評議員の氏名は登記事項とされていることから（同法302条2項5号）、メンバーの変更可能性の高いDAOには向かず、また、匿名性はありません。さらに、設立者が一般財団法人に財産の拠出を行いますが、「設立者に剰余金又は残余財産の分配を受ける権利を与える旨の定款の定め」は無効とされますので（同法153条3項2号）、営利目的のDAOには使いづらいと考えられます。

また、財団法人は、株主総会よりも定款による自由度は高い面が多いものの、法令により評議員会の招集・決議手続等の内部運営のルールが定められており、DAOとして当事者間で合意した内部運営ルールが法令に定められた内部運営ルールと異なる可能性があります。

一般財団法人のうち、公益財団法人の認定を受けたものには税務上のメリットがあり、認定を受けずとも非営利型の一般財団法人については「公益法人等」として収益事業から生じた所得のみが課税対象となる点は、一般社団法人と同様です。

❺　特定非営利活動法人（NPO法人）

特定非営利活動法人は、特定非営利活動促進法に基づき設立される法人で、いわゆるNPO法人と呼ばれます。各社員が有限責任とされ、法人格が認められることで取引活動を安定的に行うことができます。

しかし、特定非営利活動法人に該当するためにはいくつか要件があります。そのうち、特定非営利活動を行うことを目的とすることが最も重要な要件ですが、特定非営利活動は「別表に掲げる活動に該当する活動であって、不特定かつ多数のものの利益の増進に寄与することを目的とするもの」と定義されています（特定非営利活動促進法2条1項）[注18]。別紙には以下の活動が列挙されています。

一	保健、医療又は福祉の増進を図る活動
二	社会教育の推進を図る活動
三	まちづくりの推進を図る活動
四	観光の振興を図る活動
五	農山漁村又は中山間地域の振興を図る活動
六	学術、文化、芸術又はスポーツの振興を図る活動
七	環境の保全を図る活動
八	災害救援活動
九	地域安全活動
十	人権の擁護又は平和の推進を図る活動
十一	国際協力の活動
十二	男女共同参画社会の形成の促進を図る活動
十三	子どもの健全育成を図る活動
十四	情報化社会の発展を図る活動
十五	科学技術の振興を図る活動
十六	経済活動の活性化を図る活動
十七	職業能力の開発又は雇用機会の拡充を支援する活動
十八	消費者の保護を図る活動
十九	前各号に掲げる活動を行う団体の運営又は活動に関する連絡、助言又は援助の活動
二十	前各号に掲げる活動に準ずる活動として都道府県又は指定都市の条例で定める活動

この目的に関する要件に加え、社員の資格の得喪に関して不当な条件を付さないこと（特定非営利活動促進法2条2項1号イ）、役員のうち報酬を受ける者の数が役員総数の3分の1以下であること（同号ロ）も要件とされています。そして、設立には認証が必要とされますので（同法10条）、一定の手間と時間が必要とされます。

特定非営利活動法人は、その行う特定非営利活動に係る事業に支障がない

（注18）「不特定かつ多数のものの利益の増進に寄与すること」については、プロジェクトが受益者が特定または少数でないことが求められる。

限り、当該特定非営利活動に係る事業以外の事業（その他の事業）を行うことができます。これによる利益は当該特定非営利活動に係る事業のためにのみ使用することが義務付けられており、利益をメンバーに分配することはできません（特定非営利活動促進法５条１項）。そのため営利を目的とするDAOに用いることはできません。

特定非営利活動法人の機関設計として、３人以上の理事を置かなければならないとされています（特定非営利活動促進法15条）。特定非営利活動法人の業務は、定款で理事その他の役員に委任したものを除き、すべて社員総会の決議によって行うとされ（同法14条の５）、定款で別途の定めをしない限り、各理事が特定非営利活動法人を代表するとされていますので（同法16条）、DAOの特徴である中央集権的な管理なしにメンバー全体による意思決定および活動がなされる点（自律性）を実現することができます。

特定非営利活動法人の場合、社員の資格の得喪に関して不当な条件を付さないことが要件とされていますが、不当でない限りは脱退に関して定款でルールを定めることができます。脱退するメンバーが出た場合にどのように対処するかのルールを検討し、その内容を定款に組み込んでおく必要があります。

また、株主総会よりも定款による自由度は高い面も多いものの、社員総会の招集手続、社員総会決議の要件などは特定非営利活動促進法にルールとして定められており、DAOのルールとは異なる形でDAOを規律することになります。

特定非営利活動促進法では社員たる地位の譲渡について特に規定はありませんが、10名以上の社員を維持することが求められ（特定非営利活動促進法42条・12条１項４号）、それが社員たる地位の譲渡の制約になります。社員名簿は、設立の認証を受ける際に社員のうち10人以上の者の氏名（法人にあっては、その名称および代表者の氏名）および住所または居所を記載した書面の提出を求められる（同法10条１項３号）以外は必要になりません。

(5) DAOを単一の組織で作る場合の組織形態のまとめ

前記(3)❷から❺で検討したところを踏まえると、DAOを単一の組織で作る場合、民法上の組合または権利能力なき社団が有力な選択肢になると考えられます。民法上の組合においてはメンバーが無限責任を負うという点と取引活動に制約がある点がデメリットとなりますので、これらの点が問題となるようなプロジェクトにおいては権利能力なき社団のほうが望ましいこととなります。他方で、無限責任や取引活動への制約の点が問題にならないプロジェクトであれば、民法上の組合のほうが権利能力なき社団よりも法的安定性が高いため、民法上の組合が望ましいこととなります。

もっとも、民法上の組合も権利能力なき社団もデメリットがある以上は、プロジェクトに応じて最適なものを検討する必要があります。

3 DAOを複数の組織の組合せで作る

(1) 複数の組織で作るメリット・デメリットと組織形態の選択

上記の通り、法人形態はDAOに向かない面が多く、当事者間の合意に基づくルールとは異なるルールによって規律されてしまう可能性がある点はDAO運営上の大きな支障となります。特に、メンバーの変動が予定されるDAOにおいては、新たにメンバーになった者が当事者間の合意に基づくルールよりも法令に基づくルールのほうが有利であるとして当初の想定とは異なる権利を主張してくるリスクがあります。その意味では、内部ルールに制約の少ない組織形態が望ましく、民法上の組合や権利能力なき社団がDAOに向く組織形態といえます。

もっとも、権利能力なき社団については法的安定性がない点および一部の取引活動に支障が生じ得る点、民法上の組合については無限責任が生じる点および取引活動に支障が生じ得る点が問題となります。そのため、複数の組織を組み合わせるストラクチャーにより、問題点を減らしていくことが考えられます。

また、DAOの行うプロジェクトが複数に分けられるものである場合などには、機能ごとに組織を分けることで運営をシンプルすることができる場合もあります。以下、複数の組織を組み合わせるストラクチャーについて解説します。

⑵　取引実行用のエンティティを別に組成するストラクチャー

権利能力なき社団や民法上の組合によりDAOを組成する場合のデメリットとして、法人格がないことで取引活動に支障が生じ得る点が挙げられますが、権利能力なき社団や民法上の組合が決定した事項を実行するための運営法人をDAO本体とは別に用意することでこのデメリットを解消または緩和することが考えられます。例えば、DAOのメンバーが参加する権利能力なき社団や民法上の組合が、運営法人として株式会社を設立して、その株式会社の発行するすべての株式を保有し、DAOにおける意思決定事項を株式会社を通じて実行することで、DAOにおいて当事者の合意に基づく意思決定ルールを（法令によってゆがめられることなく）維持しつつ、取引活動も支障なく行うことができるようになります。

その場合の運営法人の組織形態としては、株式会社、合同会社、一般社団法人、一般財団法人、特定非営利活動法人などが考えられます。このうち合同会社については社員が法人または個人である必要があり、DAOとは別の者が社員になる場合を除き、権利能力なき社団や民法上の組合と組み合わせるストラクチャーにおいては合同会社を用いることはできないと考えられます。

DAOが利益分配を目的とするものでなければ、運営法人としては、一般社団法人、一般財団法人、特定非営利活動法人も選択肢となり、税務上のメリットも得られる可能性があります。一般社団法人、一般財団法人、特定非営利活動法人のどれが運営会社として適切かについては、それぞれ**2**で述べた特徴がありますので、それらを考慮して、最も適切な組織形態を選ぶことになります。

他方で、これらの法人は利益分配ができないため、利益分配を目的とする

【図表2-2】 取引実行用のエンティティを別に組成するストラクチャー

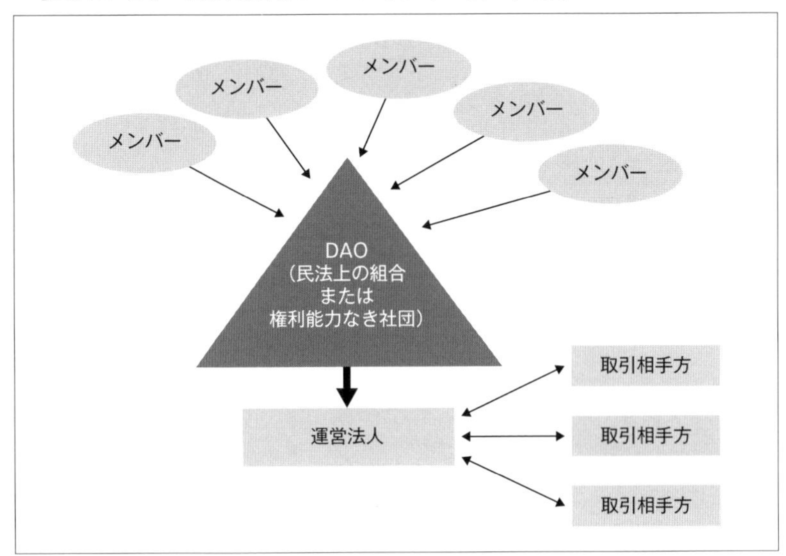

のであれば、株式会社を選択することとなります（注19）。

このようなストラクチャーとした場合、DAOの決定事項を運営法人の意思決定に適切に反映できるかという問題があり、その意味で、自律性の観点では非完全さが残ることとなりますので、権利能力なき社団や民法上の組合における意思決定を運営法人の意思決定に反映する仕組みを検討する必要があります。運営法人の業務執行者はその職務執行について善管注意義務を負いますし、契約によって運営法人の業務執行者を拘束することも可能ですので一定程度の拘束は可能であるものの、運営法人の業務執行者がそれに反した行為をした場合、運営法人の業務執行者に対する損害賠償は可能であるとしても、その行為の効果自体は有効であるとされることもあります。

（注19） 株式会社に対する資金の拠出をすべて株式で行うことのほか、一部のみを株式とし、残りを株式会社への貸付け、社債の取得または匿名組合出資とすることも考えられる。貸付けについては貸金業が問題となり、匿名組合出資については金融商品取引業が問題となる。

また、DAOと運営法人との間の利益相反行為も問題になります。特に、運営法人の株式・持分がDAO以外の者に保有される場合には、DAOの利益と運営法人の利益が対立する場合も考えられます。運営会社のガバナンス・運営をどうするかも問題になります。例えば、代表取締役・取締役・監査役などに誰を選任するのか、どのような運営規則を定めていくかについて、DAOとは別途、検討・決定していく必要があります。

第３節　トークンの法律問題（日本法）

1 トークン設計と規制法の適用可能性

⑴ トークン設計の視点

❶ DAOとトークン

DAOにおいて発行されるトークンは、DAOの組織形態がさまざまなものであると同時に、そのDAOにおけるトークンの役割もさまざまなものが想定されるため、その内容は多岐にわたります。

DAOにおいて重要なトークンの類型として、ガバナンストークンが挙げられます。これはトークンを保有する者がDAOの意思決定に参加できるというトークンで、ユーティリティトークンの一種となります。その設計としては、議決権が行使されてもトークンが消滅せずに資格証明として使われる仕組みとすることや、議決権の行使ごとにトークンが消費される仕組みとすることが考えられます。

また、財産権に関するトークンの類型として、DAOに関連する財産への持分権を表章するトークンやDAOの行うプロジェクトからの利益分配を受ける権利を表章するトークンを発行することも考えられます。これらは権利を表章するトークンの一種であり、前者はアセットトークン、後者はセキュリティトークンになると考えられます。１種類のトークンでDAOに関するすべての財産権を表章すると設計することもできますし、複数種類のトークンを発行して種類ごとに異なる財産権を表章すると設計することもできます。

このほか、DAOは、決済手段としてのトークンやユーティリティトークンを発行することもあります。ユーティリティトークンとしては、トークンの参加者がコミュニティのメンバーであることを示すのみのトークンや、イベントへの参加券やシステム利用券などとして参加・利用のたびに消費されるトークンなどが考えられます。

もちろん、複数の機能を有するトークンを設計することもでき、コミュニティのメンバーであることを示すトークンは同時にDAOに関連するデジタルアセットの持分を表章することもあります。

トークンの機能に応じて適用される法規制が決まるため、トークンの設計に際しては、どのような機能のトークンを発行することがDAOの目的に沿うかを検討することに合わせ、規制法によって目的達成への制約が生じないかも検討することが必要となります。

❷　エンティティの持分のトークン化とエンティティ持分と切り離されたトークン

トークンの設計として、まずは、DAOのために組成されたエンティティの持分をそのまま表章するトークンを発行することが考えられます。株式会社として組成されたDAOであれば株式を表章するトークン、合同会社として組成されたDAOであれば持分を表章するトークン、民法上の組合であれば組合持分を表章するトークンとなります。

他方で、DAOのために組成されたエンティティの持分の一部のみを表章するトークンの発行や、DAOのために組成されたエンティティの持分とは関係ないものを表章するトークンを発行することも考えられます。

まず、DAOのために組成されたエンティティの持分の一部を表章するトークンとは、DAOのために組成されたエンティティの持分の保有者に認められた一部の権利を行使するための資格証明を目的とするトークンまたは権利の一部を表章するアセットトークンであると見ることができます。例えば、ガバナンストークンについては、議決権行使のための資格証明を目的とするユーティリティトークンまたは議決権行使によって消費されるユーティリティトークンと見ることができます。DAOからの分配を受領する権利を

【図表2-3】 トークンの分類

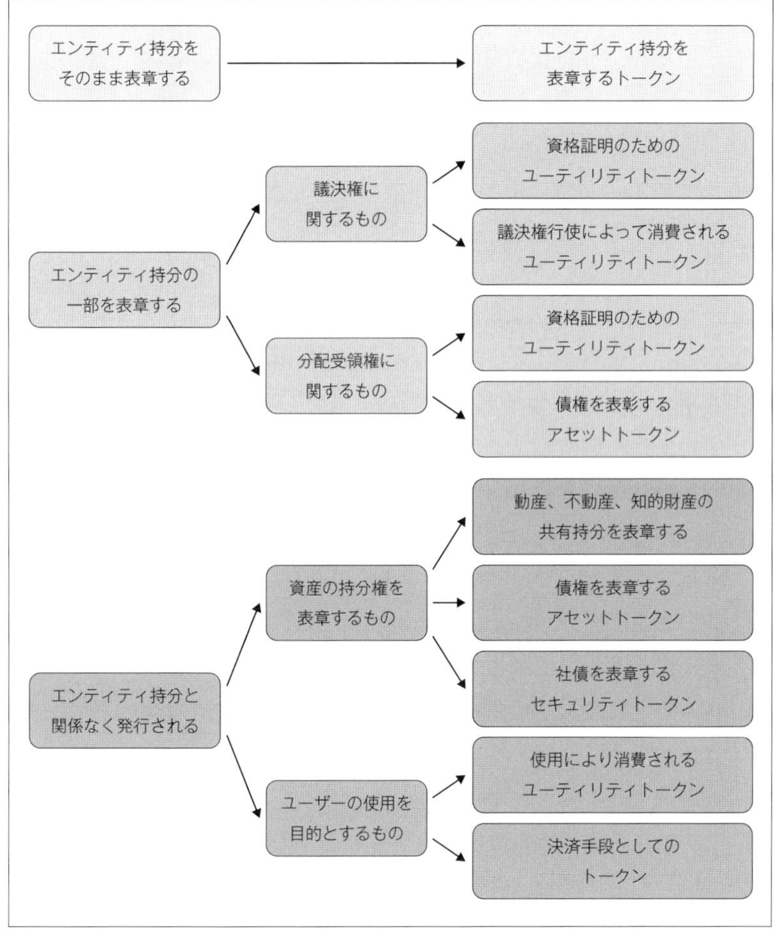

表章するトークンについては、債権を表章するアセットトークンまたは分配受領のための資格証明を目的とするユーティリティトークンと見ることができます。

次に、DAOのために組成されたエンティティの持分とは関係なく発行されるトークンとしては、DAOが使用する資産の持分権を表章するアセットトークンが考えられます。これには不動産、動産、知的財産権または債権の共有持分権を表章するトークンが含まれます。さらに、トークン取得者による資金の拠出がDAOに対する貸付と見られ、トークンがその債権を表章するアセットトークンである場合も考えられます。貸付債権を表章するトークンは、会社に対する場合には社債を表章するトークンと構成することも考えられます。このほか、DAOの提供するサービスのユーザーが使用するユーティリティトークンや、DAOが決済目的で発行するトークンもあります。

❸　決済手段としてのトークン

決済手段としてのトークンは、それ自体に価値があるものとして支払や交換に使用できるトークンであり、①法定通貨と価値が連動しない暗号通貨と、②法定通貨と価値が連動するステーブルコインに分けられます。

暗号通貨としてのトークンは、資金決済法上の「暗号資産」として規制される可能性が高いと考えられます。ステーブルコインは、発行者が設定した特定の範囲の者に対してのみ使用できる場合には同法上の「前払式支払手段」に該当する可能性が高く、不特定の者に対して使用できる場合には同法上の「電子決済手段」に該当する可能性が高いと考えられます。

これらの暗号資産、前払式支払手段および電子決済手段については、業者に関する規制が課されているため、これに該当すると発行者や関係当事者において規制遵守のコストがかかることとなります。そのため、不必要に暗号資産、前払式支払手段または電子決済手段として規制を受けることがないようにトークンの設計することが重要となります。暗号資産、前払式支払手段および電子決済手段の要件については後記(2)、(4)および(5)を参照してください。もっとも、必要があれば、暗号資産、前払式支払手段および電子決済手段に該当することを前提とした上で、規制への対応をすることになります。

❹　セキュリティトークン

権利を表章するトークンのうち、ある者が事業活動を行うことでトークン保有者に投資リターンを得させることを目的とするセキュリティトークンは、有価証券に該当する可能性が高いと考えられます。日本法においては、金商法において有価証券が定義されており、トークンがその定義に該当するかが問題となります。後記(3)を参照してください。

有価証券に関しては、業者に対する厳格な規制が課されているほか、購入者を募集する行為については有価証券届出書の提出などの開示規制が課されているため、これに該当すると発行者や関係当事者において規制遵守のコストがかかることとなります。そのため、不必要に有価証券として規制を受けることがないようにトークンを設計することが重要となります。

❺ アセットトークン

権利を表章するトークンのうち、セキュリティトークンに該当せず、所有権、債権その他の権利を表章するだけのアセットトークン(注20)(注21)は、DAOにおいて用いられる場合、DAOのために組成されたエンティティとは別にアセットトークン保有者がそのアセットトークンの裏付けとなる権利を共有しているものと見られる場合が多いと考えられます(注22)。

アセットトークンは、多くの場合において当該財産から得られる収益（賃料、利用料、ライセンス料、配当、利子など）の受領権も表章すると考えられます。

アセットトークン自体についての業者規制はありませんが、裏付けとなる

(注20) DAOのために組成されたエンティティへの持分権を表章するトークンも権利を表章するものであり、広義にはアセットトークンといえるが、セキュリティトークンへの該当性が重要な問題となる。

(注21) DAOのために組成されたエンティティの持分のうち財産分配に関する部分を表章するトークンは、債権を表章するアセットトークンであると考えられるが、民法上の組合など柔軟なルール設計が認められているエンティティに関するものである場合には、複数種類ある持分の1種類を表章するトークンであると見られる可能性もある。

(注22) トークン保有者がアセットの取扱いについて意思決定を行う場合もあり得ると考えられるが、その際にはトークンは所有権、債権その他の権利だけを表章するというよりも、プロジェクトへの持分を表章していると見ることができ、純粋なアセットトークンとは異なるものと評価され得る。DAO全体とは別にこのようなトークンが発行されている場合、DAOに対して資産を貸すプロジェクトを行う別のDAOが存在していると見られる可能性がある。

権利との関係では規制が問題になる可能性があり、例えば中古の美術品、衣類・宝飾品、自動車、玩具類、トレーディングカードなどの「古物」を表章するアセットトークンを営業として売買する場合には「古物営業」として許可が必要となります。また、特に権利移転との関係で、想定した効果が得られるかを検討する必要があります。これは主に対抗要件の関係で問題となります。3(3)❶を参照してください。

❻　ガバナンスに関するトークン

ガバナンストークンは、議決権行使のための資格証明を目的とするユーティリティトークンまたは議決権行使によって消費されるユーティリティトークンと見られることになります。前者については、DAOのために組成されたエンティティの持分のうち意思決定に関する部分を表章すると見ることができ、後者については株式会社における株主総会で用いられる議決権行使書面と同じような位置付けになります。ただし、民法上の組合など柔軟なルール設計が認められているエンティティに関するものである場合には、複数種類ある持分の1種類を表章するトークンであると見られる可能性もあります。この場合にはセキュリティトークンとして有価証券該当性を検討することとなります。

❼　ユーティリティトークン

ユーティリティトークンは、参加者がコミュニティのメンバーであることを示すのみのトークン、イベントへの参加券やシステム利用券などとして消費されるトークンなどが考えられます。決済のためのトークンである場合には、❷と同様の問題となりますが、そうでない場合には基本的に規制は問題となりません。もっとも、そのようなトークンであっても、ステーキング報酬が得られる場合などトークンが利益を生むと見られる場合は有価証券該当性が問題になります。

❽　規制法に対する考え方

トークンはその設計次第で規制法の適用を受け、その内容によっては大きな負担となりプロジェクトの実現可能性に悪影響を与える可能性があります。後記2以降に規制法の適用の有無を判別する要件について詳説しますが、それを踏まえて、規制法の適用を受けないようなトークン設計が可能かを検討することが重要になります。具体的には、資金決済法や金商法などの金融規制法によって規制対象となる①暗号資産、②有価証券、③前払式支払手段、④電子決済手段のいずれかに当たるか、また、出資法などの法律の適用の有無を検討する必要があります。

他方で、無理に規制を避けようとすることで脱法行為であると見られるリスクを伴うこともあるため、慎重な検討が求められます。また、トークンが実現しようとする内容によっては、規制の対象となると整理することで取扱いが明確になり法的安定性が高くなるという結果を得られる場合もあるため、積極的に規制対象とする方向での検討もあり得ます。

(2) 暗号資産該当性

❶ 暗号資産の要件

暗号資産は、以下のいずれかに該当するものをいいます（資金決済法2条5項）。

① 物品を購入し、若しくは借り受け、又は役務の提供を受ける場合に、これらの代価の弁済のために不特定の者に対して使用することができ、かつ、不特定の者を相手方として購入及び売却を行うことができる財産的価値（電子機器その他の物に電子的方法により記録されているものに限り、本邦通貨及び外国通貨並びに通貨建資産を除く。②において同じ）であって、電子情報処理組織を用いて移転することができるもの

② 不特定の者を相手方として①に掲げるものと相互に交換を行うことができる財産的価値であって、電子情報処理組織を用いて移転することができるもの

ただし、電子記録移転権利は暗号資産の定義から除かれています（資金決済法2条14項ただし書、金商法29条の2第1項8号）。他方で、有価証券に該当す

るトークンのうち電子記録移転権利以外のものは、暗号資産の定義から除外されていませんので、上記①または②への該当性を検討する必要があります。

①に該当するものを1号暗号資産、②に該当するものを2号暗号資産といいます。

なお、発行当時は上記要件を満たさず暗号資産に該当しないトークンであっても、その後の使われ方によっては上記要件を満たし、暗号資産に該当することになる可能性がありますので、そのような自体にならないような仕組みを検討することも重要となります。

以下で、どのような場合に暗号資産に該当するかを見ていきます。

❷「代価の弁済のために不特定の者に対して使用することができる」

1号暗号資産の要件のうち「代価の弁済のために不特定の者に対して使用することができ」るについては、決済に使用できるか否かが重要となります。

法定通貨または別の暗号資産でトークンを購入したり、トークンを売却し法定通貨に換金できるだけであれば、そのトークンは、法定通貨や暗号資産を用いて購入または売却を行うことができる物品等にとどまり、上記要件を充足しません(注23)。

また、トークンの保有者が商品やサービスの提供を受ける場合であっても、そのことに伴い当該保有者が当該トークンを失わないときは、「代価の弁済として使用」されるものではないため、「代価の弁済のために不特定の者に対して使用することができ」るには該当しないと考えられます(注24)。

さらに、発行者において、不特定の者に対して物品等の代価の弁済のために使用されない意図であることを明確にしている場合にも「代価の弁済のために不特定の者に対して使用することができ」るには該当しないと考えられます。例えば、発行者または取扱事業者の規約や商品説明等において決済手段としての使用の禁止を明示し、代価の弁済のために当該トークンを使用し

（注23）　事務ガイドライン第三分冊：金融会社関係「16　暗号資産交換業者関係」Ⅰ－1－1①。

（注24）　2023年3月24日パブコメ17頁30番。

ている利用者に警告を発するなど、代価の弁済のために使用されないための合理的な措置を講ずることによって暗号資産に該当しないことができます(注25)。また、第三者に移転することが不可能とする、互いに面識のある者から構成される限定的なコミュニティ内においてのみ移転することが可能とする、などシステム上決済手段として使用されない仕様とする場合も「代価の(注26)弁済のために不特定の者に対して使用することができ」るには該当しないと考えられます。

加えて、不特定の者に対して物品等の代価の弁済に使用し得る要素が限定的である場合も「代価の弁済のために不特定の者に対して使用することができ」るには該当しないと考えられます。例えば、最小取引単位当たりの価格が通常の決済手段として用いるものとしては高額である場合には、「代価の弁済のために不特定の者に対して使用することができ」るには該当しないと考えられています。具体的な数値としてはパブコメ(注27)において、「例えば1,000円以上のものについては『最小取引単位当たりの価格が通常の決済手段として用いるものとしては高額』なものであると考えられます」としています。同様に、発行数量を最小取引単位で除した数量(分割可能性を踏まえた発行数量)が限定的である場合には、「代価の弁済のために不特定の者に対して使用することができ」るには該当しないと考えられ、具体的な数値としてはパブコメにおいて、「例えば100万個以下である場合には、『限定的』といえると考えられます」との見解が示されています。以上から、トークンの発行価格が1,000円以上である場合か、発行総数が100万個以下である場合のいずれかに当たる場合には、1号暗号資産の該当性の要件を満たさない可能性が高いと考えられます。

(注25) 合理的な措置を講じない結果、物品等の購入の代価の弁済のために使用されている実態がある場合には、当該トークンは、基本的に「代価の弁済のために不特定の者に対して使用することができる」ものとして暗号資産に該当する(2023年3月24日パブコメ8頁14番)。

(注26) 2023年3月24日パブコメ8頁13番。

(注27) 2023年3月24日パブコメ9頁16番。

ただし、上記はすべて考慮要素にすぎず、個別具体的な判断の結果、不特定の者に対する代価の弁済として使用される実態がある場合には暗号資産に該当します。他方で、最小取引単位当たりの価格が1,000円未満であり、または発行数量を最小取引単位で除した数量が100万個超であっても、個別具体的な判断の結果、暗号資産に該当しない場合もあると考えられます。また、「代価の弁済のために不特定の者に対して使用することができ」るかどうかは発行時のみならずその後の状況も踏まえて判断されますので、1,000円未満で取引されるような状況が継続したような場合には、最小取引単位当たりの価格が1,000円未満であり「代価の弁済のために不特定の者に対して使用することができ」るに該当しないとして発行されたものであっても暗号資産に該当するとされる可能性があります(注28)。

❸ 「不特定の者を相手方として購入及び売却を行うことができる」

1号暗号資産の要件のうち「不特定の者を相手方として購入及び売却を行うことができる」との要件については、第三者に移転することが不可能な仕様とする場合、互いに面識のある者から構成される限定的なコミュニティ内においてのみ移転することが可能とする仕様とする場合、本邦通貨または外国通貨との交換ができない仕様とする場合などには「不特定の者を相手方として購入及び売却を行うことができる」という要件を満たさないと考えられます。また、この要件については、「本邦通貨又は外国通貨との交換市場が存在するか」についても重要な考慮要素となります(注29)。本邦通貨または外国通貨との交換市場が存在しないのであれば、この要件を満たさない方向に働くこととなります。

❹ 2号暗号資産

2号暗号資産は、不特定の者を相手方として1号暗号資産と相互に交換を行うことができることが要件とされていますが、これは、「1号暗号資産と

(注28)　2023年3月24日パブコメ9頁16番。
(注29)　事務ガイドライン第三分冊：金融会社関係「16　暗号資産交換業者関係」Ⅰ－1－1②参照。

同等の経済的機能を有するか」が考慮要素の1つとなり、1号暗号資産と交換可能であることのみでは2号暗号資産に該当するものではないと考えられます（注30）。「1号暗号資産と同等の経済的機能」を判断するに当たっては、1号暗号資産と同様に、第三者に移転することが不可能とする互いに面識のある者から構成される限定的なコミュニティ内においてのみ移転することが可能とする仕様である場合には「不特定の者を相手方として前号に掲げるものと相互に交換を行うことができる」との要件該当性が否定されます。また、最小取引単位当たりの価格が1,000円以上であり、または発行数量を最小取引単位で除した数量が100万個以下である場合には、「不特定の者を相手方として前号に掲げるものと相互に交換を行うことができる」には該当しないと考えられます。さらに、「1号暗号資産との交換市場が存在するか」についても重要な考慮要素となります（注31）。

❺ 通貨建資産

通貨建資産は暗号資産に該当しないとされます。通貨建資産については、資金決済法2条7項に定義されており、「通貨建資産」とは、日本円や米ドルのように本邦通貨もしくは外国通貨をもって表示され、または本邦通貨もしくは外国通貨をもって債務の履行、払戻しその他これらに準ずるもの（債務の履行等）が行われることとされている資産をいいます。この場合において、通貨建資産をもって債務の履行等が行われることとされている資産は、通貨建資産とみなされます。デジタル化された通貨建資産の典型例は、1円＝1トークンとなるように設計されたステーブルコインが挙げられます。

この定義より、有価証券に該当するトークンは暗号資産に該当する可能性は低いと考えられます。例えば、民法上の組合については、その清算時には法定通貨建てで払戻しがなされますので通貨建資産であると考えられ、暗号資産には該当しないこととなります。

（注30） 事務ガイドライン第三分冊：金融会社関係「16　暗号資産交換業者関係」Ⅰ－1－1③。

（注31） 事務ガイドライン第三分冊：金融会社関係「16　暗号資産交換業者関係」Ⅰ－1－1③。

もっとも、通貨建資産は、電子決済手段該当性が問題となります［☞(5)］。

(3) 有価証券該当性

❶ 有価証券の定義とトークンの内容

有価証券は金商法2条1項と2項に定義されており、トークンがこれらを表章している場合には有価証券に該当します。

DAOのために組成されたエンティティの持分（社員または組合員としての地位等）をそのまま表章するトークンは、株式会社として組成されたDAOであれば株式を表章するトークン、合同会社として組成されたDAOであれば持分を表章するトークン、民法上の組合であれば組合持分を表章するトークンとなり、これらのトークンがどのように規制されるかは、基本的に裏付けとなるエンティティ持分の性質により決まります（注32）。トークンがエンティティの持分を表章するものではなく、権利を表章するのみである場合でも有価証券に該当することがありますが、これについても、裏付けとなる権利が何であるかによってトークンの有価証券該当性が決まります（注33）。例えば、社債を表章するトークンであれば社債として規制されます。また、信託受益権を表章するトークンであればその信託受益権として規制されます（注34）。

❷ 組合型で作った場合

民法上の組合、匿名組合、投資事業有限責任組合および有限責任事業組合

（注32）　エンティティの持分を表章するトークンとして設計したとしても、トークンと権利・地位との一体性（トークンが持分を表章しているか）は別の問題があり、持分権者としての権利の行使や地位の譲渡がトークンの保有と離れて行われる可能性もある［☞3］。

（注33）　トークンが何を表章するか意識せずに設計した場合、出資に対するリターンがあれば組合型のエンティティが存在すると見られる可能性があり、後記❷および❸の該当性を検討することが必要となる。

（注34）　特定信託受益権［☞(5)❷］は有価証券の定義から除外される。これは2023年6月1日施行の改正によるもので、それ以前は、有価証券に該当し、電子記録移転権利として規制されていた。

の持分は、常に有価証券となるわけではなく、以下の要件を満たす場合にのみ有価証券に該当します（金商法2条2項5号）。

① 出資者が金銭又はこれに類するもの[注35]を出資又は拠出すること
② 出資者は、出資又は拠出された金銭又はこれに類するものを充てて行う事業（出資対象事業）から生ずる収益の配当又は当該出資対象事業に係る財産の分配を受けることができる権利を持つこと
③ 出資者の全員が出資対象事業に関与する場合、出資者がその出資又は拠出の額を超えて収益の配当又は出資対象事業に係る財産の分配を受けることがない場合などの例外に該当しないこと（金商法2条2項5号イからニ、金商令1条の3の2・1条の3の3、定義府令6条・7条）
④ 金商法2条1項または2項により他の種類の有価証券に該当しないこと

このうち③については、出資者の全員が出資対象事業に関与する場合には有価証券に該当しないとされており、金商令1条の3の2では以下の2つの要件を満たすことが求められています[注36]。

（注35） 有価証券、為替手形、約束手形（有価証券に該当しないもの）などが含まれる（金商令1条の3、定義府令5条）。

（注36） また、法人その他の団体のみをメンバーとする場合、専らコンテンツ事業（コンテンツの創造、保護及び活用の促進に関する法律2条3項に規定するコンテンツ事業をいい、これに附帯する事業を含む）を行うことが契約に定められるときには、以下の3要件を満たすことを条件として有価証券に該当しないとされます（金商令1条の3の3第6号、定義府令7条）。

(i) 出資者のすべてが、当該権利に係る出資対象事業の全部または一部に従事すること（出資者の親会社等または子会社等が当該出資対象事業の全部または一部に従事することを含む）。

(ii) 出資者のすべてが、当該権利に係る出資対象事業から生ずる収益の配当または当該出資対象事業に係る財産の分配を受けることができる権利のほか、次に掲げる権利のいずれかを有すること（出資者の親会社等または子会社等が次に掲げる権利のいずれかを有することを含む）。

ⓘ　出資対象事業に係る業務執行がすべての出資者の同意を得て行われるものであること（すべての出資者の同意を要しない旨の合意がされている場合において、当該業務執行の決定についてすべての出資者が同意をするか否かの意思を表示してその執行が行われるものであることを含む）。

ⓘⓘ　出資者のすべてが次のいずれかに該当すること。

イ　出資対象事業に常時従事すること。

ロ　特に専門的な能力であって出資対象事業の継続の上で欠くことができないものを発揮して当該出資対象事業に従事すること。

民法上の組合の持分が有価証券に該当する場合、金商法２条２項各号に掲げる権利となりますので、これをトークン化したものは、他の要件を満たすことにより電子記録移転権利に該当することとなります。電子記録移転権利については**２**(2)❸を参照してください。

プロジェクトが不動産に関するものである場合には不動産特定共同事業法に基づく権利に該当し、有価証券に該当しない場合もあります。❸を参照してください。

❸　不動産特定共同事業に該当する組合の持分を表章するトークン

民法上の組合、匿名組合または投資事業有限責任組合が不動産取引を行う場合には、上記ⓘⓘとは異なる取扱いを受ける可能性があります。これらのエンティティが不動産の売買、交換または賃貸借（不動産取引）を行い、不動産取引から生ずる収益の分配を行う場合、当該エンティティに係る契約は原則として[注37]「不動産特定共同事業契約」（不動産特定共同事業法２条３項）

---

(1)　当該出資対象事業に従事した対価の支払を受ける権利

(2)　当該出資対象事業に係るコンテンツの利用（コンテンツの創造、保護及び活用の促進に関する法律２条２項２号に掲げる行為をいう）に際し、当該出資者（その親会社等または子会社等を含む）の名称の表示をしまたは当該出資者（その親会社等または子会社等を含む）の事業につき広告もしくは宣伝をすることができる権利

(iii)　当該権利について、他の出資者に譲渡する場合および他の出資者のすべての同意を得て出資者以外の者に譲渡する場合以外の譲渡が禁止されること。

（注37）　例外は不動産特定共同事業法施行令１条に定められている。

に該当し、不動産特定共同事業法の適用を受けます。

不動産特定共同事業契約に該当する場合、その契約に基づく権利は、適格特例投資家限定事業に関するものを除き、金商法の有価証券からは除外されます（2条2項5号ハ）。したがって、電子記録移転権利に該当することもありません。適格特例投資家限定事業は所定のプロ投資家を相手方とする事業で許可は必要とされず、届出のみで行うことができるとされているものですが、同法の有価証券から除外されず、要件を満たす場合には電子記録移転権利に該当します。

なお、信託受益権に関する取引は不動産取引ではなく有価証券取引となりますので、信託受益権に関する取引を行うファンドは不動産特定共同事業法ではなく金商法に従った規制を受けることとなります。

不動産特定共同事業法の適用を受けると有価証券に該当した場合以上の負担が生じることとなるため、不動産取引を行うことが想定される場合には不動産を信託受益権化することで不動産特定共同事業への該当を避けることも検討することとなります（注38）。

❹ 権利能力なき社団で作った場合

権利能力なき社団についても、組合型のDAOと同様に金商法2条2項5号にて有価証券該当性が判断されます。❷を参照してください（注39）。

❺ 法人の社員権を表章するトークン

株式会社の発行する株券は金商法2条1項9号により有価証券に該当し、株式を表章するトークンは「有価証券に表示されるべき権利」を表章するものですので、「有価証券表示権利」として有価証券とみなされます（同条2項柱書）。合同会社の社員権を表章するトークンは、同条2項3号により有価証券に該当します。合同会社の社員権については、トークン化することで

（注38） 2023年3月14日に提出された金融商品取引法等の一部を改正する法律案では、トークン化された不動産特定共同事業契約に基づく権利が電子記録移転権利として規制する改正も含まれていたが、第211回通常では成立しなかった。

（注39） 権利能力なき社団の構成員たる地位についても、金商法2条2項5号の「権利」に該当し得ると考えられる。

電子記録移転権利に該当する可能性があります。2(2)❸を参照してください。

一般社団法人の社員権については、組合型のエンティティと同様に金商法2条2項5号の該当性が問題になります。残余財産の分配として、出資者が出資対象事業から生ずる収益の配当または当該出資対象事業に係る財産の分配を受けることができる権利を持っている場合には、同号の要件を満たさず、有価証券に該当する可能性があります。また、特定非営利活動法人の社員権は、その性質上有価証券に該当しないと考えられます（注40）。

(4)　前払式支払手段該当性

❶　前払式支払手段の定義

決済手段として用いられるトークンのうち、いわゆるプリペイドカードや電子マネーのような機能のものは前払式支払手段への該当性が問題となります。特に、トークン保有者が、金銭や暗号資産で購入したトークンを消費することにより、特定の者が提供する商品の購入やサービスを受けることができる場合には、そのトークンが前払式支払手段に該当しないかが問題となります。

トークンが以下の要件を満たす場合には、原則として前払式支払手段に該当します（資金決済法3条1項）。

①　金額又は物品・サービスの数量（度数など）が、証票、電子機器そ

(注40)　まず「特別の法律により設立された法人の発行する出資証券」（金商法2条1項6号）に該当しないかが問題となりますが、社員は特定非営利活動法人に拠出した額を超えて収益の配当または出資対象事業に係る財産の分配を受けることはないことから（特定非営利活動促進法11条3項・32条）、社員権は出資証券に該当せず、金商法2条1項6号には当たらないと考えられる。また、同条2項5号の該当性も問題となるが、同様に、社員は特定非営利活動法人に拠出した額を超えて収益の配当または出資対象事業に係る財産の分配を受けることはないことから（特定非営利活動促進法11条3項・32条）、金商法2条2項5号の有価証券にも該当しないと考えられる。

の他の物（証票等）に記載され、又は電磁的な方法で記録されていること。

② 証票等に記載又は記録されている金額又は物品・サービスの数量に応ずる対価が支払われていること。

③ 金額又は物品・サービスの数量が記載又は記録されている証票等や、これらの財産的価値と結びついた番号、記号その他の符号が発行されること。

④ 物品を購入するとき、サービスの提供を受けるとき等に、証票等や番号、記号その他の符号が、提示、交付、通知その他の方法により使用できるものであること。

②の要件により、無償で発行された場合は前払式支払手段の定義に該当しません。また、本人確認のためだけのトークンであれば、それ自体には価値が存在せず、財産的価値と結びつきがないため、①の要件「金額又は物品・サービスの数量（度数など）」が記録されたものでないため、前払式支払手段の定義に該当しません。

上記の定義に該当するとしても例外が定められています。

①乗車券、入場券、特定の施設または場所の利用に際し発行される食券その他の証票等で、当該施設または場所の利用者が通常使用することとされているもの、②使用期間が発行から６か月以内のもの（注41）、③国・地方公共団体が発行するもの、④特別な法人（注42）が発行するもの、⑤従業員向けの自家型前払式支払手段等、⑥割賦販売法その他の法律の規定に基づいて前受

(注41) 資金決済法４条２号に規定する「発行の日」とは、次に掲げる日のいずれか遅い日をいう（事務ガイドライン第三分冊：金融会社関係「５　前払式支払手段発行者関係」Ⅰ－１－３(1))。
① 財産的価値が証票、電子機器その他の物に記載または記録された日
② 利用者に対し証票等、番号、記号その他の符号を交付または付与された日

(注42) 独立行政法人自動車技術総合機構、日本中央競馬会および日本放送協会ならびに港務局および地方道路公社（資金決済法施行令４条３項）。

【図表2-4】　自家型と第三者型

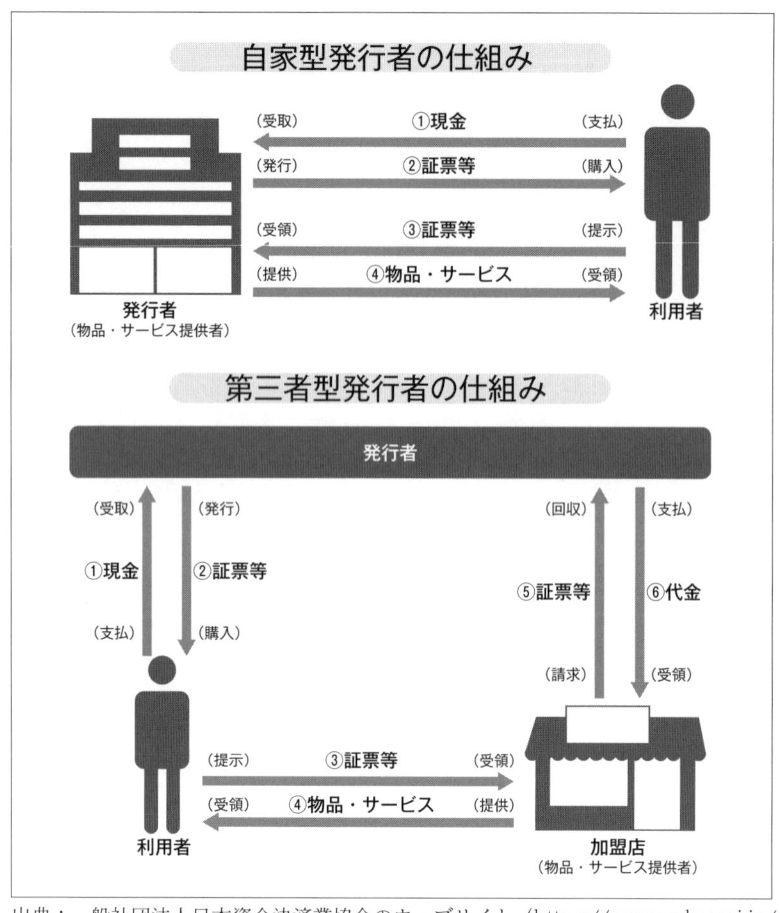

出典：一般社団法人日本資金決済業協会のウェブサイト（https://www.s-kessai.jp/businesses/prepaid_means_overview.html）

金の保全のための措置が講じられている取引に係る一定のもの、⑦利用者のために商行為となる取引においてのみ使用することとされているものについては、前払式支払手段の定義から除外されています（資金決済法4条、同施行令4条）。

このうち、①の「利用に際し発行される」とは、利用の都度その利用の時期に近接して、利用に必要な分だけ発行、購入され、基本的に残高が残らない場合をいいます(注43)。そのため、残高が残り次回以降も使用できるプリペイドカードは前払式支払手段から除外されません。また、「利用者が通常使用することとされている」とは、原則としてその証票等以外のものでは役務および物品等の提供を受けられない場合をいいます(注44)。また、①について「物品等の給付又は役務の提供が、発行する者又は当該発行する者が指定する者の使用に係る電子計算機と利用者の使用に係る電子計算機とを接続する電気通信回線を通じて行われる場合に利用されるものを除く」とされており、商品の給付や役務の提供が専らインターネットを通じて行われる場合には、例えばインターネット上の仮想空間へのアクセス過程を「入場券」と称するものや、仮想空間において提供する役務の内容を捉えて「乗車券」や「食券」と称するものについては、資金決済法施行令4条1項1号括弧書に該当するため、法の適用対象となります(注45)。

②使用期間が発行から6か月以内のものについては、トークンの目的次第ですが、利用券としてのトークンであれば、これにより前払式支払手段に該当しないとすることができるケースも多いと考えられます。

⑦利用者のために商行為となる取引においてのみ使用することとされているものについては、商人間の取引など、前払式支払手段の利用者が消費者でない取引においてのみ使用されるものをいいます。

なお、前払式支払手段は電子決済手段への該当性も問題となりますが、前払式支払手段発行者は、電子決済手段に該当する前払式支払手段を発行しないよう適切な措置を講じることが義務付けられます(資金決済法13条3項、前払式支払手段に関する内閣府令23条の3第3号)(注46)。電子決済手段該当性

(注43) 事務ガイドライン第三分冊:金融会社関係「5 前払式支払手段発行者関係」I-1-3(2)①。

(注44) 事務ガイドライン第三分冊:金融会社関係「5 前払式支払手段発行者関係」I-1-3(2)②。

(注45) 事務ガイドライン第三分冊:金融会社関係「5 前払式支払手段発行者関係」I-1-3(3)。

については後記(5)を参照してください。

❷ 自家型・第三者型

前払式支払手段は、「自家型前払式支払手段」と「第三者型前払式支払手段」に分けられ、異なった規制を受けます。

「自家型前払式支払手段」とは、①前払式支払手段を発行する者（当該発行する者の密接関係者を含む）から物品等の購入もしくは借受けを行い、もしくは役務の提供を受ける場合に限り、これらの代価の弁済のために使用することができる前払式支払手段または、②前払式支払手段を発行する者に対してのみ物品等の給付もしくは役務の提供を請求することができる前払式支払手段をいいます（資金決済法3条4項）。

「第三者型前払式支払手段」とは、自家型前払式支払手段以外の前払式支払手段をいいます（資金決済法3条5項）。例えば、特定の会社だけではなく、さまざまな会社が運営する店舗で利用できる共通プリペイドカードは基本的に第三者型前払式支払手段に当たると考えられます。

密接関係者は、資金決済法施行令3条で定義されており、会社であれば直接もしくは間接に支配する会社（同条1項2号）または直接もしくは間接に支配される会社（同項4号）、発行者が行う物品の給付または役務の提供と密接不可分な物品の給付または役務の提供を同時にまたは連続して行う者（同項5号）がこれに該当します。

(5) 電子決済手段該当性

❶ 法定通貨建ての決済用トークン

「電子決済手段」は資金決済法2条5項に定義されていますが、2つの類型があります[（注47）]。大まかにいうと、1号暗号資産を日本円や米ドルのよ

（注46）電子決済手段等取引業者に関する内閣府令2条2項は、一定の前払式支払手段は電子決済手段に該当するとしているが［☞後記(5)❶］、この規定には2年の経過措置が定められているため、その経過措置中はこの禁止は適用されない（同令附則2条）。

（注47）法律上は告示に定められるものを4つ目の類型としているが、本書執筆時点では告示はない。

うな法定通貨建てにしたステーブルコインが第1の類型、これと交換できるものが第2の類型に該当します。具体的には以下の通り定義されています。

> ① 物品等を購入し、若しくは借り受け、又は役務の提供を受ける場合に、これらの代価の弁済のために不特定の者に対して使用することができ、かつ、不特定の者を相手方として購入及び売却を行うことができる財産的価値（電子機器その他の物に電子的方法により記録されている通貨建資産に限り、有価証券、電子記録債権[注48]、前払式支払手段及び無償で発行されるもの[注49]を除く。但し、前払式支払手段のうち所定のものは含む。②において同じ。）であって、電子情報処理組織を用いて移転することができるもの（特定信託受益権を除く。）
>
> ② 不特定の者を相手方として①のものと相互に交換を行うことができる財産的価値であって、電子情報処理組織を用いて移転することができるもの（特定信託受益権を除く。）

①の要件のうち、「代価の弁済のために不特定の者に対して使用することができる」および「不特定の者を相手方として購入及び売却を行うことができる」という要件については、基本的に暗号資産と同様の考え方が妥当しますので、前記(2)❷❸も参照してください[注50]。

銀行等または資金移動業者が発行するデジタルマネー（銀行等が発行する預金債権または資金移動業者が発行する未達債務に係る債権であって電子的に移転可能なもの）であって、その発行者が犯収法に基づく取引時確認をした者[注51]にのみ移転を可能とする技術的措置が講じられており、かつ、移転

（注48） 電子記録債権法2条1項。

（注49） 電子決済手段等取引業者に関する内閣府令2条1項。

（注50） 事務ガイドライン第三分冊：金融会社関係「17 電子決済手段等取引業者関係」Ⅰ-1-1①②。

（注51） 「取引時確認をした者」には、犯収法4条3項の規定により、発行者自身が過去に取引時確認を行っていることを確認した顧客や、発行者の業務委託先である特定事業者が取引時確認を行った顧客を含む。

の都度発行者の承諾その他の関与が必要となるものは、基本的には「不特定の者を相手方として購入及び売却を行うことができる」に該当せず、電子決済手段に該当しません（注52）。

①の要件のうち、「通貨建資産」については後記❸を参照してください。

①の要件では、有価証券、電子記録債権、前払式支払手段、無償で発行されるものが電子決済手段の定義から除外されています。もっとも、電子決済手段の定義から除外されている、前払式支払手段は、前払式支払手段に関する内閣府令1条3項4号に規定する残高譲渡型前払式支払手段、同項5号に規定する番号通知型前払式支払手段その他その移転を完了するためにその都度当該前払式支払手段を発行する者の承諾その他の関与を要するものは含まないとされ、それ以外の前払式支払手段だけが電子決済手段に含まれます（注53）。そのため、発行者の関与なく移転可能な前払式支払手段は原則として電子決済手段に該当します（注54）。

❷　特定信託受益権

電子決済手段の第3の類型である「特定信託受益権」とは、トークン化された（注55）金銭信託の受益権であって、受託者が信託契約により受け入れた金銭の全額を預貯金により管理するものであり、かつ以下の要件を満たすものをいいます（資金決済法2条9項、電子決済手段等取引業者に関する内閣府令3条1項）。大まかにいえば、金銭信託の受益権という仕組みをとったステーブルコインです。

（注52）　事務ガイドライン第三分冊：金融会社関係「17　電子決済手段等取引業者関係」Ⅰ-1-1②。

（注53）　電子決済手段等取引業者に関する内閣府令2条2項。ただし、2年間の経過措置があり、2025年6月1日までは前払式支払手段は電子決済手段に該当しない。

（注54）　事務ガイドライン第三分冊：金融会社関係「17　電子決済手段等取引業者関係」Ⅰ-1-1②。

（注55）　電子情報処理組織を用いて移転することができ、電子機器その他の物に電子的方法により記録される財産的価値限に表示されるものをいう。

> ① 円建てで発行される場合、信託財産の全部が預金(注56)又は貯金(注57)により管理されるものであること。
> ② 外貨建てで発行される場合信託財産の全部がその外国通貨に係る外貨預金(注58)又は外貨貯金(注59)により管理されるものであること。

預金または貯金は、いつでも払戻しを請求することができる預金または貯金であること、譲渡性預金等の所定のものに該当しないことが求められます。なお、第１類型および第２類型の類型の電子決済手段とは異なり、特定信託受益権は不特定の者に対して使用等ができることは要件になっていません。そのため、流通の範囲を限定したとしても電子決済手段に該当する可能性があります。

特定信託受益権は有価証券の定義から除外されます（金商法２条２項、同施行令１条の２、定義府令４条の２）(注60)。

❸ 通貨建資産

通貨建資産は資金決済法２条７項に定義されています。「通貨建資産」とは、日本円や米ドルなど本邦通貨もしくは外国通貨をもって表示され、または本邦通貨もしくは外国通貨をもって債務の履行、払戻しその他これらに準

(注56) その預金者がその払戻しをいつでも請求することができるものに限り、外貨預金または預金保険法施行令３条１号、２号もしくは７号に掲げる預金等に該当するものを除く。

(注57) その貯金者がその払戻しをいつでも請求することができるものに限り、外貨貯金または農水産業協同組合貯金保険法施行令６条１号、２号もしくは７号に掲げる貯金等に該当するものを除く。

(注58) その預金者がその払戻しをいつでも請求することができるものに限り、預金保険法施行令３条１号、２号または７号に掲げる預金等に該当するものを除く。

(注59) その貯金者がその払戻しをいつでも請求することができるものに限り、農水産業協同組合貯金保険法施行令６条１号、２号または７号に掲げる貯金等に該当するものを除く。

(注60) これは2023年６月１日施行の改正によるもので、それ以前は、有価証券に該当し、電子記録移転権利として規制されていた。

ずるもの（債務の履行等）が行われることとされている資産をいいます。この場合において、通貨建資産をもって債務の履行等が行われることとされている資産は、通貨建資産とみなされます。

通貨建資産には、法定通貨に連動する典型的なステーブルコインのほか、通貨建資産をもって債務の履行等（債務の履行、払戻しその他これらに準ずるもの）が行われることとされている資産も含まれるため、このような資産についても電子決済手段に該当する可能性があります。

(6)　その他の規制の適用可能性

❶　貸付けに関する規制

トークンの発行の対価としてトークンの取得者からDAOに対する資金の拠出があり、DAOは一定期間後に返済する義務を負う場合、トークンの取得者からDAOに対する貸付けがあると見られる可能性があります。貸付けを業として行う場合には貸金業として登録が必要となりますので（貸金業法3条）、トークン保有者がこれに該当しないか検討することが必要となります[注61]。

同じ性質の資金の拠出であっても、会社が発行する社債であれば貸金業は問題となりません。もっとも、社債については会社法に従って発行することが求められるほか、有価証券に該当することから（金商法2条1項5号）、金商法の開示規制および業者規制が問題となります。

❷　出資法

出資法1条において「何人も、不特定且つ多数の者に対し、後日出資の払いもどしとして出資金の全額若しくはこれをこえる金額に相当する金銭を支払うべき旨を明示し、又は暗黙のうちに示して、出資金の受入をしてはならない」とされていますので、出資に該当する場合、出資金の全額またはこれ

（注61）　貸金業法は「金銭」の貸付等を「貸金業」としているので、暗号資産の貸付等の金銭以外の取引は基本的に貸金業に該当しない。もっとも、仮装的に金銭の使用を避ける場合などは事実として金銭の取引を行っているとして貸金業に該当すると見られる可能性がある。

を超える金額に相当する金銭を支払うことを約束することはできません。

また、出資法2条1項においては預り金が禁止されています。預り金の定義は同条2項に規定があり、不特定かつ多数の者からの金銭の受入れであって、次に掲げるものをいいます(注62)。

① 預金、貯金または定期積金の受入れ

② 社債、借入金その他いかなる名義をもってするかを問わず、預金、貯金または定期積金の受入れと同様の経済的性質を有するもの

この定義だけだと広く解釈される余地もありますが、「事務ガイドライン第3分冊：金融会社関係『2 預り金関係』」2-1-1(2)④において「主として預け主の便宜のために金銭の価額を保管することを目的とするもの」である場合に預り金に該当するとされています。資金を拠出する者がDAOのプロジェクトのための資金提供であると認識している場合には預り金に該当しないと考えられますが、この点は事実関係を踏まえて認定されることとなりますので形式的な整理のみでなく実質的な面も考慮しつつ慎重に検討することが必要となります。

❸ 預託等取引に関する法律

動産や権利を表章するアセットトークンが発行された場合、トークン保有者がトークン発行者等に対して動産や権利を預託していると見られる場合には預託等取引に関する法律が問題になります。同法で規制される「預託等取引」とは以下の①および②を約束する取引をいいます(2条1項、同施行規則1条)。

① 3か月以上の期間、物品を預かること、またはゴルフ場等(注63)の対象の施設利用権を管理すること(返還時に金銭その他これに代替する物品を給付する場合を含む)

(注62) 出資法における預り金は「金銭」の受入れとしているので、暗号資産の受入等の金銭以外の取引は基本的に預り金に該当しない。もっとも、仮装的に金銭の使用を避ける場合などは事実として金銭の取引を行っているとして預り金に該当すると見られる可能性がある。

(注63) 預託法施行令1条。

② 当該預託もしくは施設管理に関し財産上の利益を供与することまたは3か月以上の期間経過後一定の価格で買い取ること

販売を伴う預託等取引の勧誘には確認が必要とされますので（預託等取引に関する法律9条）、アセットトークンについてこれに該当しないか検討することが必要となります。

2 トークンが規制され得る規制の内容

以下では、トークンが、①暗号資産、②有価証券、③不動産特定共同事業契約、④前払式支払手段、⑤電子決済手段に当たる場合に、具体的にどのような規制がかかるかについて解説します。

(1) 暗号資産に該当する場合の規制

❶ 暗号資産交換業者と許認可

暗号資産については、暗号資産交換業を行う者（暗号資産交換業者）に対して登録が求められる（資金決済法63条の2）などの資金決済法の規制が課されます。

「暗号資産交換業」とは、次に掲げる行為のいずれかを業として行うことをいいます。①または②に掲げる行為を「暗号資産の交換等」といい、④に掲げる行為を「暗号資産の管理」といいます（資金決済法2条15項）。

① 暗号資産の売買または他の暗号資産との交換

② ①に掲げる行為の媒介、取次ぎまたは代理

③ その行う①または②に掲げる行為に関して、利用者の金銭の管理をすること

④ 他人のために暗号資産の管理をすること（当該管理を業として行うことにつき他の法律に特別の規定のある場合を除く）

登録のためには体制整備が求められますが、その整備は容易ではなく新規の登録を行うことは現実的ではないため、DAOにおいて暗号資産交換業に該当する行為が必要となる場合には、既存の暗号資産交換業者に取扱いを依

頼することになります[注64]。

❷ ICO・IEOと暗号資産交換業者の暗号資産取扱基準

暗号資産交換業者は、利用者の保護または暗号資産交換業の適正かつ確実な遂行に支障を及ぼすおそれがあると認められる暗号資産を取り扱わないために必要な措置をとることが求められます（資金決済法63条の10第1項、暗号資産交換業者に関する内閣府令23条1項5号）。そのため、ICOの実施その他トークンの発行者が暗号資産交換業者に取扱いを委託するに際しては、暗号資産取引所などの暗号資産交換業者の審査をクリアすることが必要となります。また、資金調達に当たってIEOを行う場合には、暗号資産交換業者による上場審査が行われることになります。

具体的なルールは、日本暗号資産取引業協会（JVCEA）の自主規制規則に定められており、「暗号資産の取扱いに関する規則」において以下の暗号資産はその取扱いの適否を慎重に判断しなければならないとされています（4条1項）。

・法令または公序良俗に違反する方法で利用されているまたは利用されるおそれが高い暗号資産
・犯罪に利用されているまたは利用されるおそれが高い暗号資産
・マネー・ローンダリングおよびテロ資金供与に利用されているまたは利用されるおそれが高い暗号資産

また、上記規則では、以下のいずれかに該当する暗号資産の取扱いを禁止されています（4条2項）。

・移転・保有記録の更新・保持に重大な支障・懸念が認められる暗号資産
・公認会計士または監査法人による適切な監査が実施できないまたは困難な暗号資産
・システム上その他安全な管理および出納ができないまたは困難な暗号資産
・上記のほか、資金決済法上の義務の適正かつ確実に履行できないまたは困

（注64） 暗号資産交換業者に依頼した場合であっても、発行者自らも販売・交換に関する行為を行っている場合は発行者自身についても登録が必要とされる（2020年4月3日パブコメ20頁57番）。

難な暗号資産

さらに、上記規則は、移転記録の追跡が著しく困難である暗号資産については、テロ資金供与やマネー・ローンダリング等に利用されるリスクが高く、適切な監査が実施できないおそれがあることから、これらの問題が解決されない限り、取り扱ってはならないとされています（4条3項）。

「新規暗号資産の販売に関する規則」では、審査についてより具体的に定められています。同規則15条1項は発行者の委託を受けて販売する場合（受託販売義務）の審査項目を定めており、暗号資産交換業者は以下について厳正に審査しなければならないとされています。

① 対象事業について、発行者の健全性および独立性、発行者のガバナンスおよび内部管理体制の状況、発行者の財政状態および資金繰り状況の健全性、対象事業の適格性（対象事業の適法性および社会性、新規暗号資産の販売を資金調達手段とすることの適格性）、対象事業の遂行のために必要な体制、対象事業の見通し（事業計画の合理性、対象事業の技術的な実現可能、対象事業の成長性および安定性）、調達資金の使途の妥当性等

② 発行者の情報、新規暗号資産の情報（トークン保有者に対して負う債務の有無・内容を含む）、調達資金の情報（調達資金の使途の詳細等）、対象事業の情報（対象事業に係る事業計画、事業の実現可能性等を含む）、新規暗号資産の販売に関する情報（トークンの販売価格とその算定根拠を含む）を適時かつ適切に提供および公表するために必要な態勢

③ 調達資金の管理を適正かつ確実に実施するために必要な態勢

④ 期末日において発行者が保有する調達資金および新規暗号資産を財務諸表に適切に開示するために必要な態勢

⑤ 新規暗号資産の販売に係る不適切な勧誘および広告等を防止するために必要な態勢

⑥ 新規暗号資産に係る暗号資産関係情報[注65]を利用した不適正な取引

（注65） 暗号資産関係情報の管理態勢の整備に関する規則2条1号に定める暗号資産関係情報をいう。

を防止するために必要な態勢

また、新規暗号資産の販売に関する規則17条1項では、会員である暗号資産交換業者は販売業務を行うに際して、あらかじめ、新規暗号資産に利用されるブロックチェーンおよびスマートコントラクトならびに当該暗号資産を保管するウォレットその他当該暗号資産の品質に影響を与えるシステムの安全性を検証しなければならないとされており、トークンの設計に際してはこの検証に耐え得るシステムとすることが必要となります(注66)(注67)。

(2) 有価証券に該当する場合の規制

❶ 規制の概要

トークンが有価証券に該当するものである場合、金商法が適用され、その取得勧誘には発行者等に対する開示規制が問題となり、また、勧誘行為を行う者に対する業者規制が問題となります。

開示規制については❹❺❻を、業者規制については❼❽を参照してください。開示規制については、DAOの形態からすると有価証券に該当する場合には有価証券届出書の提出義務は避けがたく、その負担は重いものとなります。また、業者規制についても登録が必要とされる行為が多く、また登録を得ることは容易ではなく現実的ではありません。

加えて、金融商品取引業者、登録金融機関などの有価証券を取り扱う業者は犯収法上の特定事業者に該当しますので（2条2項21号・1号等)、有価証

(注66) トークンの設計とは別の話だが、新規暗号資産の販売に関する規則18条は、会員たる暗号資産交換業者は、販売業務を行うに際しては、必要に応じて投資需要の調査を行う等新規暗号資産の販売価格を合理的に算出し得る方法を用いて、あらかじめ新規暗号資産の販売価格又は販売価格の範囲等の妥当性を審査しなければならない、事業計画において必要とされる資金額を上回ることのないように、新規暗号資産の販売総額および発行総量を決定しまたは発行者によって決定されていることを審査しなければならない、としており、トークンを発行する際にはこの点に関する検討も重要となる。

(注67) 発行者が自らトークンを販売する場合（自社型ICOの場合、自己販売義務）については別途の要件が定められている（同規則4条1項)。

券に該当するトークンを顧客等に取得させることを内容とする契約を締結する場合（犯収令7条1項1号リ）などには顧客等に関して取引時確認（本人確認等）を行うことが求められます。

さらに、有価証券を取得させる行為は「金融商品の販売等」に該当するため、金融サービスの提供に関する法律の適用があり、重要事項の説明義務（同法4条）、断定的判断の提供等の禁止（同法5条）などを遵守する必要があります。

以上のように、トークンが有価証券に該当する場合の規制は厳しく、トークンの設計に際しては有価証券に該当しない仕組みとできるかが重要となります。

❷　第一項有価証券・第二項有価証券とは

金商法は流通性の高さに応じて有価証券を2つのカテゴリーに分け、主に開示規制において異なった取扱いをしています。流通性の高いほうを第一項有価証券とし、有価証券の募集および有価証券の売出しの該当性において厳しい取扱いをしています。流通性の低いほうは第二項有価証券として、有価証券の募集および有価証券の売出しの該当性などにおいて比較的柔軟な取扱いをしています。

第一項有価証券に該当するのは以下の有価証券です（金商法2条3項）(注68)。

①　金商法2条1項各号の有価証券

②　①の有価証券表示されるべき権利（有価証券表示権利）（金商法2条2項柱書）

③　電子記録移転権利

①には、株券などが含まれます(注69)。電子記録移転権利については、❸を参照してください。

（注68）　政令で定める電子記録債権（特定電子記録債権）（金商法2条2項）も第一項有価証券に該当するとされているが、政令が存在しないため、現時点においては第一項有価証券に該当する電子記録債権は存在しない。

（注69）　国債証券や地方債証券も第一項有価証券の定義に含まれるが、これらはそもそも金商法の開示規制の対象とならない（金商法3条1号）。

第二項有価証券に該当するのは、金商法2条2項各号の有価証券であって、電子記録移転権利に該当しないものです（同条3項）。したがって、合同会社の社員権（同条2項3号）、民法上の組合、匿名組合、投資事業有限責任組合などの持分であって有価証券とされるもの（同項5号）などは、電子記録移転権利に該当しない限り、第二項有価証券に該当します（注70）（注71）。

❸ 電子記録移転権利とは

「電子記録移転権利」に該当する場合には、その流通性の高さから、金商法2条2項に定められる有価証券であっても、「第一項有価証券」として規制されるなど、特別な取扱いがされます。電子記録移転権利は、具体的には同条3項に定義されており、以下の要件を満たすものが電子記録移転権利に該当します。

① 金商法2条2項各号に掲げる権利であること（注72）

② 電子情報処理組織を用いて移転することができる財産的価値に表示されるものであること

③ ①の財産的価値が電子機器その他の物に電子的方法により記録されるものであること

④ 流通性その他の事情を勘案して内閣府令で定める場合に該当しないこと

トークンに表章される権利が金商法2条2項各号に掲げる権利でない場

（注70） このほか、金商法2条2項各号の有価証券には海外の者が発行するものも含まれる。

（注71） 金商法2条2項各号の有価証券の中にはそもそも同法の開示規制の対象とならないものがあり、これらについては、第一項有価証券に該当するか第二項有価証券はあまり重要ではない（同法3条1号）。

（注72） 国内のものでいえば、信託受益権であって投資信託の受益証券（金商法2条1項10号）、貸付信託の受益証券（同項12号）、特定目的信託の受益証券（同項13号）、受益証券発行信託の受益証券（同項14号）およびこれらの有価証券に表示されるべき権利（同条2項柱書）以外のもの（同項1号）、社員のすべてが株式会社もしくは合同会社である合名会社の社員権、無限責任社員のすべてが株式会社もしくは合同会社である合資会社の社員権または合同会社の社員権（同項3号、金商令1条の2）、国内の集団投資スキームの持分（金商法2条2項5号）などが含まれる。

合、電子記録移転権利には該当しません。したがって、同項各号に規定されている株式などは電子記録移転権利には該当しません。

④については、ⓘ一定の範囲の者（注73）以外の者に移転することができないようにする技術的措置がとられ、かつⓘⓘトークンの移転にはその都度トークン保有者の申出および当該権利の発行者の承諾がなければトークンを移転させることができないようにする技術的措置がとられている場合には、電子記録移転権利には該当しないこととされます（定義府令9条の2第1項）。

なお、業者規制との関係では「電子記録移転有価証券表示権利等」という概念があり、金融商品取引業者や登録金融機関が電子記録移転有価証券表示権利等を取り扱う場合には一定の追加的な規制が課されます。「電子記録移転有価証券表示権利等」は金商法2条2項の規定により有価証券とみなされる権利のうち、電子情報処理組織を用いて移転することができる財産的価値（電子機器その他の物に電子的方法により記録されるものに限る）に表示される

（注73）　適格機関投資家（定義府令9条の2第1項1号イ）、金融商品取引業者等とその子会社等及び関連会社等（同号ロ、金商令17条の12第1項4号、定義府令9条の2第1項1号ホ、金商業等府令233条の2第4項5号イ）、ファンド運用業者（定義府令9条の2第1項1号ロ、金商令17条の12第1項5号）、上場会社とその子会社等および関連会社等（定義府令9条の2第1項1号ロ、金商令17条の12第1項7号、定義府令9条の2第1項1号ホ、金商業等府令233条の2第4項5号ロ）、資本金の額が5,000万円以上である法人とその子会社等および関連会社等（定義府令9条の2第1項1号ロ、金商令17条の12第1項8号、定義府令9条の2第1項1号ホ、金商業等府令233条の2第4項5号ハ）、純資産の額が5,000万円以上である法人とその子会社等および関連会社等（定義府令9条の2第1項1号ロ、金商令17条の12第1項9号、定義府令9条の2第1項1号ホ、金商業等府令233条の2第4項5号ニ）、外国法人（定義府令9条の2第1項1号ロ、金商令17条の12第1項13号）、投資性金融資産の合計額が1億円以上であると見込まれ、証券口座を開設した日から起算して1年を経過している個人（定義府令9条の2第1項1号ニ、金商業等府令233条の2第3項1号）、投資性金融資産の合計額が1億円以上であると見込まれる法人（定義府令9条の2第1項1号ホ、金商業等府令233条の2第4項4号イ）、いわゆる資産管理会社のうち、一定の資産保有型会社（定義府令9条の2第1項1号ホ、金商業等府令233条の2第4項6号）、いわゆる資産管理会社のうち、一定の資産運用型会社（定義府令9条の2第1項1号ホ、金商業等府令233条の2第4項8号）などが含まれる。

場合に該当するものをいい（金商業等府令1条4項17号、金商法29条の2第1項8号、金商業等府令6条の3）、電子記録移転権利よりも広い概念となります。

❹ トークンの発行に関する開示規制

トークンを新規に発行して資金調達する場合、トークンが有価証券に該当し、かつ開示規制の対象となるときは、そのトークンの発行に際して金商法の開示規制が適用されます。

金商法は開示規制の対象外となる有価証券を定めており、民法上の組合等の集団投資スキーム持分や権利能力なき社団の社員権は、出資総額の50％超を有価証券に投資に充てるものである場合にのみ開示規制の対象とされます（金商法3条3号イ(1)、金商令2条の9・2条の10）(注74)。また、合同会社の社員権もその出資総額の50％を超える額を有価証券に対する投資に充てて事業を行う場合に限り開示義務の対象となります（金商法3条3号イ(2)、金商令2条の10第1項3号）。ただし、民法上の組合等の集団投資スキーム持分や権利能力なき社団の社員権および合同会社の社員権は、電子記録移転権利に該当する場合は、出資総額の50％超を有価証券に投資に充てるものか否かを問わず発行開示規制の対象となります（金商法3条3号ロ）。

開示規制の適用対象となるトークンについて一般公衆向けにトークンの取得勧誘を行う場合、原則として有価証券届出書の提出が必要になります。有価証券届出書の提出後にはじめてトークンの取得勧誘が可能になり、有価証券届出書の効力発生後にはじめてトークンを取得させることができます。有価証券届出書の提出前に有価証券の取得勧誘をすることはできませんので、有価証券届出書の提出義務が生じる形態でトークンの取得勧誘を行う場合、有価証券届出書の提出前にトークンの宣伝・広告をすることはできません。

開示規制の適用対象となるトークンを発行する場合でも、①私募として行う場合、②発行価額の総額が1億円未満である場合、③その他の例外に該当する場合には有価証券届出書の提出や目論見書の作成・交付は義務付けられません。

（注74） この判定については、特定有価証券開示ガイドライン3－1～3－4参照。

私募の要件は第一項有価証券と第二項有価証券で異なります。第一項有価証券の場合、①適格機関投資家私募（注75）、②特定投資家私募および③少人数私募（注76）の3つの私募の類型がありますが、取得勧誘の相手方が適格機関投資家を除き49名以下であることが必要とされるため、誰でも参加者となり得るDAOにおいては私募の要件を満たすことは難しい場合が多いと考えられます。第二項有価証券の場合、その取得勧誘に応じることにより有価証券を所有することとなる者が499名以下であれば私募となりますが、参加者を限定できるのであれば私募として取得勧誘を行うことができる可能性もあります。

発行価額の総額が1億円未満である場合には有価証券届出書の提出は免除されますが、その場合、販売用資料に当該募集が有価証券届出書の提出を義務付ける金商法4条1項に適用を受けないものである旨を記載することが義務付けられます。また、発行価額の総額が1億円未満であって1,000万円超のものについては、有価証券通知書の提出が義務付けられます。

有価証券の募集に際して有価証券届出書の提出が義務付けられる場合、原則として、所定の事項を記載した目論見書の作成・交付が必要となります。目論見書以外の資料を使用することもできますが、虚偽の表示または誤解を生じさせる表示をすることは禁止されています。トークンの取得勧誘が私募に該当する場合には、一定の事項を書面により告知する義務がありますの

（注75）　適格機関投資家私募における転売制限は「適格機関投資家に譲渡する場合以外の譲渡が禁止される旨の制限」を意味する（金商法施行令1条の4第2号ニ等）。

（注76）　第一項有価証券における少人数私募の要件は、取得勧誘の相手方が49名以下であることのほか、基本的には①同一の内容の有価証券について有価証券報告書の提出義務の対象となっていないこと、②同一種類の有価証券が特定投資家向け有価証券（金商法4条3項）でないことも要件となる。株券について転売制限は必要とされないが、多くの有価証券については転売制限も要件とされる。少人数私募における転売制限は「一括して他の一の者に譲渡する場合以外の譲渡が禁止される旨の制限」または「当該有価証券の枚数又は単位の総数が50未満である場合において、当該有価証券の性質によりその分割ができない旨又は当該有価証券に表示されている単位未満に分割できない旨の制限」を意味する（金商法施行令1条の7第2号ロ⑷、定義府令13条2項等）。

で、当該事項を勧誘用資料に記載することが必要となります。

❺ 既存のトークンの販売に関する開示規制

トークンが有価証券に該当する場合であり、かつ開示規制の対象となる場合には、すでに発行されたトークンの販売時の売付け勧誘に際しても金商法の開示規制が適用されます。

「取得勧誘類似行為」に該当する場合には、有価証券の募集と同様の規制が適用されます。また、「有価証券の売出し」についても開示規制が課されますが、「有価証券の売出し」とは、すでに発行された有価証券の売付け勧誘等であって、①取得勧誘類似行為に該当せず、②金商法施行令で売出しから除外されておらず、かつ③私売出しに該当しないものをいいます。

いくつかの取引が有価証券の売出しの定義から除外されていますが、①取引所金融商品市場における有価証券の売買、②金融商品取引所に上場されている有価証券のPTS（私設取引システム）における売買、③譲渡制限のない有価証券の発行者、その役員、その主要株主、子会社等、金融商品取引業者等など所定の者以外が所有するものの売買、④売買の当事者の双方が③の者である譲渡制限のない有価証券の売買（当事者双方が金融商品取引業者等であるものを除く）などは有価証券の売出しから除外されます。

私売出しは「有価証券の売出し」に該当しないとされますが、その要件はおおむね新規発行における私募と同様です。

発行済みトークンの販売が有価証券の売出しに該当する場合、原則として有価証券届出書の提出が必要となり、有価証券届出書提出前の売付け勧誘は許されません。有価証券届出書の提出義務および目論見書に関する規制も新規発行の場合と同様です。

❻ 継続開示義務

有価証券に該当するトークンについて、それが金融商品取引所に上場されている場合や、その募集または売出しにつき有価証券届出書が提出された場合などには、原則として、事業年度または特定期間ごとに、事業年度または特定期間の経過後3か月以内に有価証券報告書を提出することが義務付けられます（金商法24条1項）。また、所有者数の多い有価証券[注77][注78]も有価証券報告書の提出が義務付けられます。

❼　発行者の業者規制

有価証券に該当するトークンを発行する際には、①取得勧誘のための許認可と②トークンを発行して得た資金を運用するための許認可の２つが問題となります。

トークンの取得勧誘を業として行うための許認可については、トークンの種類によっては発行者自身による募集（自己募集）または私募（自己私募）が第二種金融商品取引業に該当します（金商法28条２項）[注79]。トークンが株式に該当する場合には、発行者自身による募集または私募はそれが業として行うものであっても金融商品取引業に該当しませんが（同法２条８項７号イ～トに該当しない）、民法上の組合等の集団投資スキーム持分や権利能力なき社団の社員権の場合は第二種金融商品取引業に該当します（同号へ）[注80]。加えて、合同会社の社員権（同条２項３号）であって電子情報処理組織を用いて移転することができる財産的価値に表示される場合にも[注81]、取得勧

（注77）　特定有価証券以外の有価証券については、当該会社が発行する株券、合同会社の社員権であって電子記録移転権利に該当するもの（特定有価証券に該当するものを除く）など所定の有価証券（金商令３条の６第５項）で、当該事業年度または当該事業年度の開始の日前４年以内に開始した事業年度のいずれかの末日におけるその所有者の数が所定の数（株券について1,000、合同会社の社員権については500）以上であるもの（金商令３条の６第６項）がこれに該当する。

（注78）　特定有価証券については、①金商法２条２項各号の権利のうち開示義務の対象となるものであって、電子記録移転権利以外のもの（有価証券投資事業権利等）のうち同項１号、３号および５号に掲げる権利ならびに②特定有価証券に該当する電子記録移転権利のうち同項１号（有価証券信託受益証券に該当するものを除く）ならびに３号および５号に掲げる権利（金商令４条の２第４項）で、当該特定期間の末日におけるその所有者の数が500以上であるもの（同条５項）がこれに該当する。

（注79）　電子記録移転権利の売買やその媒介、取次ぎ、代理、募集の取扱い、私募の取扱いなどは第一種金融商品取引業に該当するが（金商法28条１項）、電子記録移転権利の自己募集・自己私募については第一種金融商品取引業ではなく、第二種金融商品取引業に該当する（同条２項）。

（注80）　集団投資スキーム持分が電子記録移転権利に該当する場合であっても、第一種金融商品取引業ではなく第二種金融商品取引業に該当する（金商法28条２項）。

誘は第二種金融商品取引業に該当します（金商令1条の9の2第2号、定義府令16条の2）。これは、電子情報処理組織を用いて移転することができる財産的価値に表示されるものであれば電子記録移転権利に限らずに対象となります。そのため、電子記録移転権利の要件を満たさなくともトークン化された合同会社の社員権について、登録なしに自己募集・自己私募を行うことはできません。さらに、電子情報処理組織を用いて移転することができる財産的価値に表示されない場合であっても、合同会社自身が株式の募集・私募を行うことについて2022年に改正がなされ、その取得勧誘に業務執行社員以外の者が関与するときは金融商品取引業に該当することとされました（定義府令14条3項2号）。

このほか、民法上の組合、匿名組合持分や投資事業有限責任組合持分などの集団投資スキーム持分に該当するトークンを発行する場合には、集団投資スキームの自己運用を行うことについての投資運用業該当性が問題になります（金商法2条8項15号ハ）。「金融商品の価値等の分析に基づく投資判断に基づいて主として有価証券又はデリバティブ取引に係る権利に対する投資」を行う場合には原則として投資運用業を行う金融商品取引業者としての登録が必要となります（注82）。他方、このような投資を行わない場合には、投資運用業を行う金融商品取引業者としての登録は必要とされません。

金融商品取引業者としての登録を受けた場合などには、金商法により各種の行為規制を受けますので、この遵守が必要となります。

金融商品取引業者としての登録は、基本的に厳格な体制整備が求めら

（注81） 合同会社の社員権だけでなく、金商法2条2項3号および4号に掲げる権利であって電子情報処理組織を用いて移転することができる財産的価値に表示される場合の自己募集は、第二種金融商品取引業に該当する（同法28条2項）。

（注82） 集団投資スキームの自己運用については、適格機関投資家等特例業務に該当する場合には届出のみで行うこともでき（金商法63条）、1名以上の適格機関投資家が含まれること、非適格機関投資家が49名以下であること、非適格機関投資家が一定の資格要件を満たすことなどの要件を満たす場合には、届出のみで足りることとなるが、DAOの場合に適格機関投資家特例業務の要件を満たすことは容易ではないと考えられる。

れ（注83）、DAO自らが金融商品取引業者となることは現実的でなく、トークンが有価証券に該当するとしても登録済みの業者に取扱いを依頼することが現実的となります（注84）。発行者以外の業者規制については、❽を参照してください。

❽　発行者以外の者の業者規制

発行者以外の者が有価証券に該当するトークンの取引に関与する場合、その関与形態によって規制は異なりますが、基本的に金融商品取引業者としての登録が必要とされます。

まず、発行者以外の者が有価証券に該当するトークンの発行に際してその取得勧誘を行う場合、有価証券の募集の取扱いまたは有価証券の私募の取扱いに該当します（金商法2条8項9号）（注85）。これを業として行う場合、そのトークンが電子記録移転権利以外の同条2項各号の権利（注86）に該当する場合には第二種金融商品取引業を行う金融商品取引業者としての登録が必要となり（同法28条2項2号）、該当しない場合には第一種金融商品取引業を行

（注83）　第一種金融商品取引業または投資運用業を行う場合に比べて第二種金融商品取引業を行う場合の体制整備は求められるものが少ないものの、それでも必要な体制を整備することは容易ではない。

（注84）　ただし、セキュリティトークンについては金融商品取引業者が遵守すべき追加的なルールが設定されている。金商法2条2項の規定により有価証券とみなされる権利のうち、電子情報処理組織を用いて移転することができる財産的価値（電子機器その他の物に電子的方法により記録されるものに限る）に表示されるものを「電子記録移転有価証券表示権利等」といい（金商業等府令1条4項17号、金商法29条の2第1項8号、金商業等府令6条の3）、取り扱う際には業務方法書（金商法29条の2第2項2号、金商業等府令8条10号）にその旨および関連する情報を記載することや、契約締結前交付書面への追加的な記載も求められるなど（金商法37条の3第1項7号）、金商業等適合性の原則、広告、契約締結前交付書面の記載において特別な配慮が必要とされ（監督指針Ⅳ-3-6-2）、ブロックチェーン等のネットワークに係るリスクの検証・審査、顧客の取引開始基準についても適合性の原則の観点からの検討が求められる（監督指針Ⅳ-3-6-2）などの負担が生じる。そのため、希望する取扱いを受託できる金融商品取引業者が存在するかも問題となる。

（注85）　発行者以外の者による有価証券に該当するトークンの取得勧誘が特定投資家向け売付け勧誘等に該当することもあり、この場合には有価証券の募集もしくは売出しの取扱いまたは有価証券の私募の取扱いと同様に取り扱われる。

う金融商品取引業者としての登録が必要となります（同条1項1号）。

次に、有価証券の募集または有価証券の私募に際し、次のいずれかを行う場合には（注87）、有価証券の引受け（注88）（金商法2条8項6号・6項）に該当し、業として行う場合には第一種金融商品取引業を行う金融商品取引業者としての登録が必要となります（同法28条1項3号）。

① 当該有価証券を取得させることを目的として当該有価証券の全部または一部を取得すること

② 当該有価証券の全部または一部につき他にこれを取得する者がない場合にその残部を取得することを内容とする契約をすること

また、有価証券の売出しも業として行う場合には金融商品取引業者に該当しますので（金商法2条8項8号）、自らが保有するトークンの売付け勧誘を業として行う場合には、そのトークンが電子記録移転権利以外の同条2項各号の権利に該当する場合には第二種金融商品取引業を行う金融商品取引業者としての登録が必要となり（同法28条2項2号）、該当しない場合には第一種金融商品取引業を行う金融商品取引業者としての登録が必要となります（同条1項1号）。

このほか、有価証券に該当するトークンを業として自ら売買する行為や、他者の売買のために媒介、取次ぎまたは代理（注89）を行う場合も、業として

（注86） 以下のものは金商法2条2項各号の権利に含まれる。

① 信託受益権であって投資信託の受益証券（金商法2条1項10号）、貸付信託の受益証券（同項12号）、特定信託の受益証券（同項13号）、受益証券発行信託の受益証券（同項14号）およびこれらの有価証券に表示されるべき権利（同条2項柱書）以外のもの（同項1号）

② 合同会社の社員権（金商法2条2項3号）

③ 民法上の組合、匿名組合、投資事業有限責任組合などの持分であって有価証券とされるもの（金商法2条2項5号）

（注87） ①と②のほか、ライツオファリングの場面における有価証券の引受けもある。

（注88） 発行者以外の者による有価証券に該当するトークンの取得勧誘が特定投資家向け売付け勧誘等に該当することもあり、この場合、所定のものは有価証券の募集もしくは売出しの取扱いまたは有価証券の私募の取扱いと同様に取り扱われる。

（注89） PTS（私的取引システム）の運営（金商法2条8項10号）は除かれる。

行うときには金融商品取引業に該当します（金商法2条8項1号・2号）。そのトークンが電子記録移転権利以外の同条2項各号の権利に該当する場合には、第二種金融商品取引業を行う金融商品取引業者としての登録が必要となり（同法28条2項2号）、該当しない場合には、第一種金融商品取引業を行う金融商品取引業者としての登録が必要となります（同条1項1号）。

さらに、上記の各行為に関して、顧客から金銭または金商法2条1項各号に掲げる証券もしくは証書の預託を受けることも第一種金融商品取引業を行う金融商品取引業者としての登録が必要になります（金商法28条1項5号・2条8項16号）[注90]。

なお、登録金融機関については、登録金融機関としての登録を行うことにより金融商品取引業者としての登録なしに一定の行為を行うことができます。また、金融商品仲介業については、金融商品仲介業者としての登録を行うことにより登録金融商品取引業者としての登録なしに一定の行為を行うことができます。

金融商品取引業者としての登録を受けた場合には、金商法により各種の行為規制を受けますので、この遵守が必要となります。

❾　不公正取引規制

トークンが有価証券に該当する場合、金商法における不公正取引規制の適用も受けることとなります。有価証券の売買その他の取引等について、不正の手段、計画または技巧をすることや重要な事項について虚偽の表示があり、または誤解を生じさせないために必要な重要な事実の表示が欠けている文書その他の表示を使用して金銭その他の財産を取得すること等が禁止されるほか（同法157条）、有価証券の売買その他の取引等のために風説を流布し、偽計を用い、または暴行もしくは脅迫をすることが禁止されます（同法158条）[注91]。

（注90）このほか有価証券に該当するトークンの売買市場を作るためには、基本的に金融商品取引所としての免許を受けること（金商法80条1項）またはPTS（私設取引システム）を行うため認可を受けること（同法30条1項）が必要となる。

（注91）上場している場合には、相場操縦の禁止（金商法159条）、インサイダー取引の禁止（同法166条）も適用されます。

(3) 不動産特定共同事業契約に該当する場合の規制

不動産特定共同事業契約に関して以下の行為を業として行うことは、原則として、不動産特定共同事業に該当し（不動産特定共同事業法2条4項）、許可（同法3条1項）または登録（同法41条1項）が必要とされます。

① ファンドの運営者（民法上の組合の業務執行組合員、匿名組合の営業者や投資事業有限責任組合の無限責任組合員）が不動産特定共同事業契約を締結して当該不動産特定共同事業契約に基づき営まれる不動産取引から生ずる収益または利益の分配を行う行為

② 不動産特定共同事業契約の締結の代理または媒介をする行為（④に該当するものおよびプロ向けファンドに関する契約に係るもの(注92)を除く）

③ 特例事業者（後記参照）の委託を受けて当該特例事業者が当事者である不動産特定共同事業契約に基づき営まれる不動産取引に係る業務を行う行為

④ 特例事業者が当事者である不動産特定共同事業契約の締結の代理または媒介をする行為

ただし、上記①に該当するとしても、SPCがファンドの運営者となり、外部事業者に対して不動産取引に係る業務を委託する場合には一定の要件を満たすことで特例事業（不動産特定共同事業法2条8項）としての届出で足りるとされます（同法58条）。この届出を行った者を特例事業者といいます。また、投資家が適格特例投資家に限定される適格特例投資家限定事業（同法2条10項）については許可ではなく届出で足りるとされます（同法59条1項・2項）。さらに、適格特例投資家限定事業に関する契約の締結の代理または媒介は、不動産特定共同事業に該当しません。

不動産特定共同事業法の適用を受けると有価証券に該当した場合以上の負担が生じることとなるため、不動産取引を行うことが想定される場合には不

(注92) 正確には、適格特例投資家限定事業者と適格特例投資家との間の不動産特定共同事業契約に係るものをいう。

動産を信託受益権化することで不動産特定共同事業に該当することを避けることも検討することとなります。

⑷　前払式支払手段に該当する場合の規制

❶　許認可

自家型前払式支払手段と第三者型前払式支払手段とで規制が異なります。自家型前払式支払手段を発行する者は、各年の3月末日および9月末日（基準日）までに発行した前払式支払手段の未使用残高（注93）を計算し、当該金額が開始してからはじめて1,000万円を超えた場合に届出義務が生じます（資金決済法5条）。第三者型前払式支払手段を発行する者は発行金額の多寡にかかわらず登録が必要とされます（同法7条）。この登録には、原則として純資産額1億円以上を有する法人であることなどの資格要件を満たすことが求められます（注94）。

❷　供託等の義務、払戻しの禁止その他の継続的義務

前払式支払手段の発行者は、原則として（注95）、未使用残高の半額について供託または信託等の保全措置を講ずることが義務付けられます（資金決済法14条～16条）。また、前払式支払手段の払戻しは原則として禁止されています（同法20条5項）（注96）。例外として払戻しが認められるのは以下の場合です（前払式支払手段に関する内閣府令42条1項）。

（注93）　資金決済法3条2項、前払式支払手段に関する内閣府令4条。

（注94）　資金決済令5条。前払式支払手段の利用可能な地域が一の市町村に限定されている場合等には純資産額の要件が緩和されている。

（注95）　基準日未使用残高が1,000万円以下の場合は対象外とされている（資金決済法14条1項、資金決済令6条）。

（注96）　①前払式支払手段の発行業務の全部または一部を廃止した場合や第三者型発行者が登録取消処分を受けたとき（資金決済法20条1項1号・2号）、②基準期間における払戻金額が一定額以内（直近基準期間の前払式支払手段の発行額の20％または基準日未使用残高の5％）の場合（同条5項、前払式支払手段に関する内閣府令42条1項1号・2号）や③利用者の転居などで保有者のやむを得ない事情により当該前払式支払手段の利用が著しく困難となった場合（資金決済法20条1項3号、前払式支払手段に関する内閣府令42条1項3号）などには、払戻しが認められている。

① 基準日を含む基準期間における払戻金額の総額が、当該基準日の直前の基準期間において発行した前払式支払手段の発行額の20％を超えない場合

② 基準日を含む基準期間における払戻金額の総額が、当該基準期間の直前の基準日における基準日未使用残高の５％を超えない場合

③ 保有者が前払式支払手段を利用することが困難な地域へ転居する場合、保有者である非居住者が日本国から出国する場合その他の保有者のやむを得ない事情により当該前払式支払手段の利用が著しく困難となった場合

④ 電気通信回線を通じた不正なアクセスにより前払式支払手段の利用者の意思に反して権限を有しない者が当該前払式支払手段を利用した場合その他の前払式支払手段の保有者の利益の保護に支障を来すおそれがあると認められる場合であって、当該前払式支払手段の払戻しを行うことがやむを得ないときとして金融庁長官の承認を受けたとき

また、前払式支払手段の発行者は、所定の事項を利用者に情報提供すること（資金決済法13条１項、前払式支払手段に関する内閣府令21条）、帳簿書類作成義務（資金決済法22条、前払式支払手段に関する内閣府令46条）、業務報告書を作成して提出すること（資金決済法23条、前払式支払手段に関する内閣府令47条）などの継続的義務も課されます。

❸ 電子決済手段に該当する前払式支払手段の発行禁止

前払式支払手段発行者は、電子決済手段に該当する前払式支払手段を発行することはできません（資金決済法13条３項、前払式支払手段に関する内閣府令23条の３第３号）(注97)。

❹ 高額電子移転可能型前払式支払手段

アカウントに未使用残高が記録されるタイプの前払式支払手段には、利用

(注97) 電子決済手段等取引業者に関する内閣府令２条２項により電子決済手段に該当する前払式支払手段が定められているが、２年間の経過措置があり、2025年６月１日までは前払式支払手段は電子決済手段に該当しない。

者の指図に基づき移転できる残高譲渡型前払式支払手段（前払式支払手段に関する内閣府令1条3項4号）と発行者が番号の通知を受けたことでアカウントに未使用残高を記録する番号通知型前払式支払手段（同項5号）があります。これらのうち、第三者型前払式支払手段であって、1回当たりのチャージの上限額が10万円を超えるもの、または1か月当たりの譲渡可能額、チャージの残額が30万円を超えることとなるものは「高額電子移転可能型前払式支払手段」とされます（資金決済法3条8項1号、前払式支払手段に関する内閣府令5条の2第1項）。

また、番号通知型前払式支払手段に準ずるものとして、国際ブランドプリペイドカードであって、30万円を超える残高チャージが可能で、1月の利用可能額が30万円を超えるものも「高額電子移転可能型前払式支払手段」とされます（資金決済法3条8項2号、前払式支払手段に関する内閣府令5条の2第2項）。

高額電子移転可能型前払式支払手段を発行する場合には、「業務実施計画書」と「当該実施計画に関し参考となる事項を記載した書類」の提出が求められます[(注98)]。また、残高譲渡型前払式支払手段、番号通知型残高譲渡型前払式支払手段および国際ブランドプリペイドカードについては、高額電子移転可能型前払式支払手段に該当しない場合も含め、体制整備が求められます[(注99)]。

さらに、高額電子移転可能型前払式支払手段の発行者には「特定事業者」として犯収法に基づき取引時確認を行う義務等が課されています[(注100)]。

(注98)　資金決済法11条の2、前払式支払手段に関する内閣府令20条の2。2年間の経過措置があり、2025年6月1日以降の義務となる（資金決済法令和4年改正附則2条1項）。

(注99)　資金決済法13条3項、前払式支払手段に関する内閣府令23条の3。

(注100)　犯収法2条2項30号の2。厳密には業務実施計画書の届出をした者と定義され、届出に関する資金決済法11条の2には2年間の経過措置があり、2025年6月1日以降の義務となる（資金決済法令和4年改正附則2条1項）。

(5) 電子決済手段に該当する場合の規制

❶ 電子決済等取引業と許認可

電子決済手段に関する以下の行為を業として行うことは「電子決済等取引業」に該当します（資金決済法2条10項）。なお、①または②の行為を「電子決済手段の交換等」といい、③の行為を「電子決済手段の管理」といいます。

① 電子決済手段の売買または他の電子決済手段との交換

② ①の行為の媒介、取次ぎまたは代理

③ 他人のために電子決済手段の管理をすること（信託会社等が信託業法または金融機関の信託業務の兼営等に関する法律の規定に基づき信託業法2条1項に規定する信託業として行う者を除く。電子決済手段等取引業者に関する内閣府令4条）。

④ 資金移動業者の委託を受けて、当該資金移動業者に代わって利用者（当該資金移動業者との間で為替取引を継続的にまたは反復して行うことを内容とする契約を締結している者に限る）との間で次に掲げる事項のいずれかを電子情報処理組織を使用する方法により行うことについて合意をし、かつ、当該合意に基づき為替取引に関する債務に係る債権の額を増加させ、または減少させること。

イ 当該契約に基づき資金を移動させ、当該資金の額に相当する為替取引に関する債務に係る債権の額を減少させること。

ロ 為替取引により受け取った資金の額に相当する為替取引に関する債務に係る債権の額を増加させること。

電子決済手段等取引業を行うには原則として登録が必要とされます（資金決済法62条の3）。登録を受けることができるのは、実質的には、銀行、信託銀行、資金移動業者に限られます。ただし、銀行等または資金移動業者が電子決済手段の発行者である場合[注101]、自らの発行する電子決済手段について、電子決済手段等取引業のうち電子決済手段関連業務（電子決済手段の交換等または電子決済手段の管理。資金決済法2条11項）を行うことができるとされています（同法62条の8）。また、特定信託会社（特定信託受益権を発行する信託会社〔信託業法2条2項〕）または外国信託会社（同条6項）（資金決済法2条27項、資金決済令2条の2）は、所定の要件を満たす場合には特定資金移動業を営むことができるとされています（資金決済法37条の2第1項）。特定信託会社がこれに基づき特定資金移動業を営む場合には、特定信託会社は資金移動業者とみなされ、同様に自らの発行する電子決済手段について電子決済手段関連業務を行うことが認められています（同条2項・62条の8）。

電子決済手段等取引業者としての登録を受けた場合には、資金決済法により各種の行為規制を受けますので、この遵守が必要となります。

このように負担がありますので、DAO自らが電子決済手段等取引業者となることは現実的でなく、電子決済手段に該当するとしても登録済みの業者に取扱いを依頼することになります。

❷　電子決済手段等取引業者が取り扱う電子決済手段の適切性

電子決済手段等取引業者は、利用者の保護または電子決済手段等取引業の適正かつ確実な遂行に支障を及ぼすおそれがあると認められる電子決済手段を取り扱わないために必要な措置をとることが義務付けられています（電子決済手段等取引業者に関する内閣府令30条1項5号）。したがって、電子決済手段等取引業者は、不適切な電子決済手段を取り扱うことはできません。トークンの設計に際しては、認定資金決済事業者協会の自主規制の内容も踏まえつつ、電子決済手段等取引業者の取扱可能な設計とすることが重要となります。

❸　特定電子決済手段等

特定電子決済手段等取引契約とは、外国通貨で表示される電子決済手段に

（注101）資金移動業者としての登録（資金決済法37条）、電子決済手段等取引業者としての登録（同法62条の3）、暗号資産交換業者としての登録（同法63条の2）、為替取引分析業者としての認可（同法63条の23）、資金清算機関としての免許（同法64条1項）などの取消等がなされてから5年を経過しない法人（同法62条の6第1項8号）に該当せず、かつ、特定資金移動業または電子決済手段等取引業の廃止の命令を受けていない（同法62条の6第1項8号・9号）ときに限る。

係る電子決済手段関連業務を行うことを内容とする契約をいいます（資金決済法62条の17、電子決済手段等取引業者に関する内閣府令44条）（注102）。

特定電子決済手段等取引契約については、金商法の行為規制が準用されていますので、これに該当すると追加的な負担が生じることとなります。したがって、特定電子決済手段等取引契約に該当しないようトークンを設計することが重要と考えられます。

3 トークンとその裏付けとなる権利の関係性

(1) トークンが表章する権利・地位とトークンの一体性

DAOに関してトークンを発行する場合、トークンが表章する権利（トークンの裏付けとなる権利）とトークンの一体性が問題になります。

この一体性が最も問題になるのは権利の移転の場面です。トークンを保有していることがトークンの表章する権利についての権利者であることを証明または推定となるような法制度はありません。そのため、トークン保有者が権利者であると認められるための仕組みをどう設計できるかがトークン発行の課題となります。一般的に権利の譲渡は意思表示のみによって行うことができますので、特段のアレンジをしない場合にはトークンを移転させずに裏付けとなる権利だけを譲渡することも可能となります。逆に、トークンの移転があっても、その裏付けとなる権利の移転は認められないということもあり得ます。さらに、トークンの裏付けとなる権利がトークン保有者の債権者によって差押えを受けることもあり、トークンおよびその裏付けとなる権利の保有者の意思とは関係なしに裁判所による転付命令によってトークンの裏付けとなる権利のみが移転することもあります。相続が起きた場合にも同様です。

（注102）資金決済法2条5項4号に掲げるものも特定電子決済手段等取引契約に該当するとされているが、本書執筆時点では該当する告示は存在せず、該当するものはない。

トークンの移転なく裏付けとなる権利のみが移転してしまう事態に対応するために、裏付けとなる権利の移転に合わせてトークンが移転する仕組みを設計することが考えられます。また、トークンのみが移転する事態については、権利移転のないトークンの移転は効力を認めないという仕組みを設計することが考えられます。しかしながら、これらは権利に合わせてトークンが動く仕組みであり、トークンを発行する目的からすれば、トークンを優先する仕組みを検討すべきと考えられます。後記(2)、(3)および(4)にて詳説しますが、法令による支障がある場合があり、その実現は容易ではありません。

また、トークンの裏付けとなる権利の内容が法令によって変更されることで、トークンの表章する権利との食い違いが生じる場面も、トークンが表章する権利とトークンの一体性が問題になります。こちらは後記(5)を参照してください。

(2)　決済手段としてのトークンの権利移転

決済手段としてのトークンのうち、暗号通貨といえるもの（暗号資産に該当するようなもの）は、権利をトークンに表章しているわけではありませんので、権利移転に関する問題は生じません。他方、ステーブルコインといえるものは、前払式支払手段や電子決済手段の形で構成されている場合、裏付けとなる債権が存在することから権利移転に関する問題が生じる可能性があります。トークンと裏付けとなる債権の関係について後記(3)❷を参照してください。

(3)　権利を表章するトークン

❶　有体物への権利を表章するアセットトークン

不動産については登記が対抗要件となりますので、トークンを保有していたとしても登記を備えない限り不動産に対する権利を他者に主張することはできません。例えば、トークンの譲受人であるＡが不動産に関する登記を備えず、トークンの譲受人が不動産に関する権利をＢに譲渡し、Ｂが登記を備えるという二重譲渡があった場合、Ｂがたとえ当該不動産に関するトークンが存在してAがそれを譲り受けていたと知っていたとしても、Bが権利者と認められることとなります。Bが背信的悪意者(注103)である場合にはAの権利が認められることもありますが、Bが背信的悪意者とされるケースはかなり特殊ですので、トークンの譲渡をもって権利移転を実現することはかなり難しいと考えられます。不動産そのものではなく、信託を用いて不動産信託受益権とすることで債権の譲渡に関するルールが適用されますので、信託受益権とすることも選択肢となります。債権の譲渡に関するルールについては後記❷を参照してください。

動産については占有が対抗要件となりますので、トークンを保有していたとしても動産に対する持分の保有を他者に主張することはできません。もっとも、動産の場合、代理占有者が誰の代理として占有をしているかについてトークンを基準とすることも考えられます。例えば、トークンの発行者がトークンの保有者のために動産を占有していると構成し、トークンの発行者はトークンの譲渡後は譲受人のために占有を行う仕組みとすることで、トークンと持分の一体性を確保することが考えられます。

❷ 債権を表章するアセットトークン

債権を表章するトークンについては、トークンの移転がない限り譲渡を認めないという譲渡制限を定めることでトークンの移転なしに権利が移転してしまう事態に対応することが考えられます。また、トークンの移転を権利移転とみなす旨を定めることで権利移転なしにトークンが移転してしまう事態に対応することが考えられます。

しかしながら、債権譲渡の債務者に対する効力に関して、民法466条2項は譲渡禁止特約がある場合においても譲渡当事者間では有効とされ、また、債務者は譲渡制限特約について悪意または重過失ある譲受人に対してのみ弁済を拒むことができるとされていることから(同条3項)、債務者が譲渡禁止特約を権利の譲受人に対抗できない場合が想定されます。トークンの裏付

(注103) 不動産の物件に変動があった(つまり、他人がすでにその不動産を購入した)事実を知っていながら、悪意をもって、その購入者に嫌がらせをしたり、購入者を害する目的で、不動産を購入したりする者をいう。

けとなる権利のみを譲り受けた者がいる場合、譲受人において当該権利がDAOに関するものだと認識していれば譲受人に悪意または重過失が認められる可能性が高いと考えられますが、悪意または重過失がないとされる可能性は否定できません。

また、債権譲渡の第三者対抗要件は確定日付のある証書による通知または承諾が原則とされており（民法467条2項）、トークンおよびその裏付けとなる権利を譲り受けた者が譲渡につき対抗要件を具備していなかった場合、その譲受けについて第三者対抗要件がないこととなります。その結果、譲渡人の債権者がトークンの裏付けとなる権利の差押えが有効とされ、または譲受人が二重譲渡を行った際の譲受人に権利を対抗できないことになる可能性もあります。また、確定日付のある証書による通知または承諾という手続的負担自体もトークンの流通性を阻害すると考えられます。

この点に関しては、産業競争力強化法では、認定新事業活動計画に従って提供される情報システムを利用した債権譲渡通知等は確定日付のある証書による通知等とみなす特例が設けられました（11条の2第1項）[注104]。この特例措置の適用を受けるためには、次の要件を満たす情報システムを用いることが必要となります。

① 債権譲渡通知等がされた日時と内容を容易に確認することができること

② 日時および内容の記録の保存とその改変防止のための措置[注105]が講

（注104）債権を目的とする質権の設定（現に発生していない債権を目的とするものを含む）の通知または承諾（産業競争力強化法11条の2第2項）、弁済による代位の通知または承諾（民法500条、産業競争力強化法11条の2第3項）、受益権の譲渡の通知または承諾（信託法2条7項、産業競争力強化法11条の2第4項）についても準用される。

（注105）所定の記録事項を5年間保存すること、請求があったときは記録事項を記載した書面を交付し、または電磁的記録を提供すること、タイムスタンプが信頼できる機関の提供する時刻に同期されていること、国際標準化機構および国際電気標準会議の規格27001に適合している旨の認証を受けていること等が求められる（産業競争力強化法第十一条の二第一項第二号の主務省令で定める措置等に関する省令2条）。

じられていること

この特例措置の対象となっていることを認識できるようにするため、この特例措置の認定等がなされた場合には、法務省のウェブサイト（https://www.moj.go.jp/MINJI/minji07_00301.html）にて認定新事業活動実施者の名称等が公示されます（産業競争力強化法11条の３）。

❸ セキュリティトークン

セキュリティトークンのうち、民法上の組合等の集団投資スキームの持分や権利能力なき社団の持分に該当するものについては、裏付けとなる権利の移転は契約上地位の移転となりますので、債権を表章するアセットトークンと同様の問題があります。

株式を表章するトークンについては、株式会社において定款により株式に譲渡制限を付したとしても、当事者間においては意思表示による譲渡は有効であり、譲渡制限は譲渡の効力を会社に対して対抗できないという意味しかもちません。この点は債権に関する譲渡制限と同様です。また、会社および第三者に対する対抗要件は株主名簿への記載となりますので（会社法130条）、権利行使の際の資格証明としては株主名簿が優先しますので、トークンの移転が株主名簿に反映される仕組みを検討することになります[注106]。

合同会社の持分については、移転の効力発生に定款変更が必要になるため、トークンと乖離した持分移転については定款変更を行わないという対応が考えられます[注107]。また、トークンのみの移転についても権利移転が

（注106）株式名簿は「記載又は記録」するものとされており（会社法121条）、ブロックチェーン上の記録をもって株主名簿とすること自体は許されると考えられる。会社法は原則として発行会社が株主名簿の作成を行うとしており（同条）、発行会社が株主名簿を作成したといえるためには、発行会社によるプライベートチェーンまたは発行会社のコントロールが可能なコンソーシアムチェーンとするか、あるいは、コンソーシアムチェーンの参加者を株式名簿管理人（同法123条）とすることも考えられる。このほか、発行会社がブロックチェーン上の記録を元に別途株主名簿を作成することも考えられる。このような仕組みにより、トークンの保有者を株主として扱うことが可能になると考えられる。

（注107）定款の記載が効力発生要件とする説が多数説となっている。

あったとみなして定款変更を行うという対応が考えられます。第三者対抗要件については規定がありませんが、実務上は債権と同様に通知または承諾を行うことが必要と考えられ[注108]、債権の場合と同様の問題を伴います[注109]。

⑷　ユーティリティトークン

システム等の利用で消費されるトークンや会員資格を示す資格証明のためのトークンについても、債権を表章しているとみられる場合には、前記⑶❷と同様に対抗要件の問題があります。

他方で、会員資格を示す資格証明のためのトークンなどにおいて、便宜上トークンを用いているだけでトークンの保有とは関係なく資格を認める仕組みであれば、そもそも裏付けとなる権利がトークンと一体化していないものであれば移転に関する問題は生じません。

⑸　トークンの裏付けとなる権利・地位の内容の変容

一定の権利または契約上の地位を表章するトークンの場合、トークンの設計外でトークンが表章する権利や契約上の地位の内容に変更が生じる可能性があります。トークンに権利または契約上の地位の内容を書き込む仕組みとした場合には、契約変更や法令変更によって実際の権利または契約上の地位の内容とトークンの内容に食い違いが生じる可能性があります。

そのため、権利または契約上の地位の内容に変更が生じる可能性または変更が必要となる可能性を考慮し、変更の可能性が低くないのであれば、ブロックチェーン上に記録する情報は限定的なものとし、権利内容は規約等に従うという仕組みを採用することも考えられます。

（注108）森本滋編『合同会社の法と実務』（商事法務、2019）25頁。

（注109）一般社団法人および特定非営利活動法人については、社員権の移転について法律上の規定はなく、また利益の配当もないため譲渡のニーズは低いと考えられるが、社員名簿は対抗要件とされていないので、トークンの移転を伴わない地位の移転を否定しやすく、乖離が問題になりにくいと考えられる。

4 NFTと著作権

NFTでは、例えば、NounsDAOでは、キャラクター画像が表示されるNFTを発行し、これにDAOのガバナンストークンの機能を付与しています。このようにガバナンストークンであるNFTに画像などのコンテンツを紐付ける場合に、画像の著作権が問題となります(注110)。プログラムが自動作成するジェナラティブ・アートについては、人が創作に関与する程度が少ない場合には著作物となる要件の1つである創作性が認められないとして、そもそも著作権が発生しないことも考えられます(著作権法2条1項1号)。

NFTについては、①唯一無二のデジタル所有権、②改ざん不可能、③二次流通時に作者に利益の還元が可能といわれることがありますが、無対物であるデータに所有権は成立しませんし、二次流通時に作者に利益を還元できるか否かは流通するプラットフォームの仕様次第ですので、上記①から③のうち正しいのは②の改ざん不可能という点だけです。

もっとも、NFTでは、ⓘデータとその保有者との紐付け、ⓘⓘデータの唯一無二性の証明、ⓘⓘⓘ改ざんが不可能といった、従来から異なったデジタル資産の取扱いが可能となったことから、デジタル資産の取扱いについて新たな可能性を切り拓くものといえます。

(1) NFTとコンテンツとの関係

NFTはブロックチェーンにより構成されていますが、NFTの画像・動画・音楽データといったコンテンツは、ブロックチェーン内には記載されておらず、ブロックチェーンに記載されているのは、コンテンツのデータが保存されているURLなどのメタデータにすぎないのが一般的です。なぜなら大量のデータをブロックチェーンに記録すると、その取引の承認に必要な手

(注110) もっとも、NounsDAOでは、キャラクターの著作権のライセンスについてCC0(クリエイティブ・コモンズ0)を宣言しており、誰でも利用できる。

数料（ガス代）が高額になってしまうからです。このように、NFTのコンテンツは、ブロックチェーン外にあることから、改ざんや消滅のリスクがあります（分散型ファイルシステム〔IPFS〕を利用することでそのようなリスクを低減する方法はある）。もっとも、一部のNFTでは画像データをすべてブロックチェーンに記載したフルオンチェーンと呼ばれるNFTも登場しています。CryptoPunksやNounsはフルオンチェーンNFTの一例です。

⑵　NFTと著作権の関係

DAOがコンテンツを作成し、そのコンテンツと紐付けたNFTを販売した場合、そのコンテンツの著作権は購入者には当然には移転せずに、著作者であるDAOに帰属したままとなります（注111）。そのため、DAOは、コンテンツの著作権を自由に処分することができます。つまり、NFTの帰属と著作権の帰属は別々のものであり連動していません。

この点、NFTの購入者は、DAOとの間でコンテンツに関するライセンス契約を締結していないとしても、DAOとNFT購入者の間の合意の合理的な意思解釈により、DAOからコンテンツの画像をネットで公開することや（公衆送信）、サーバに保存すること（複製）の許諾を受けていると法的に評価できるケースが多いと思われます。もっとも、改変できるか否かについては、必ずしもこのような合理的意思解釈ができないと思われます。したがって、NFTの購入者は購入したNFTのコンテンツを無許諾で改変することについてはリスクがあるといえます。

⑶　NFTの留意点

NFTは、一定の金銭・暗号通貨と引換えに取引される経済的価値を有するものも多いですが、以上で述べたNFTの特徴からは、以下のような問題

（注111）記述の単純化のため、DAOが法的権利の主体となる場合を前提とする。また、DAOがコンテンツを作成するのではなく、第三者がコンテンツを作成し、DAOが著作権を譲り受けるかライセンスを受ける場合も多いが、ここでは議論をシンプルにするためにDAOが作成することを前提とする。以下同じ。

が起こる可能性が指摘できます。

❶ コンテンツを創作していない無権限者が勝手にコンテンツをNFT化する

あるコンテンツを誰かが無断でNFT化することは技術的には可能です。コンテンツの画像が保存されているストレージのURLをNFT化するだけであれば、URLは著作物でないため、著作権侵害になりません。もっとも、多くの場合には、NFTとして販売する際に、コンテンツの画像を利用することになるので、その点を捉えて著作権侵害を問うことができる可能性はあります。

しかし、何者かが無断でコンテンツをNFT化すること自体を簡単には禁止できない現在の法制度では対応できないことが多いといえます。

❷ NFTを販売したDAOが同一・類似の作品を多数NFT化する

DAOがコンテンツと紐付いたNFTを販売した場合、そのコンテンツの著作権は購入者には当然には移転せずに、DAOに帰属することになります。したがって、DAOは、契約で禁止されていない限り、自己の著作物をいくらでもNFT化して販売することができます。

また、DAOがすでにNFT化して販売したコンテンツと同一・類似の作品を多数NFT化して販売することも、契約で禁止されていない限り可能です。

ただし、同一・類似の作品を多数NFT化した場合には希少性が低下し、NFTの価格の低下につながることになる点には留意が必要です。

❸ NFTを販売したDAOが著作権を第三者に譲渡する

DAOは、NFTを販売した後であっても、自らのコンテンツの著作権を第三者に譲渡できます。その場合、著作権を譲り受けた者が、NFTの保有者に対して、著作権に基づいてコンテンツの利用の禁止を求めてくる可能性があります。この点、日本の著作権法63条の2の規定により、著作物の利用権を有する者は、著作権を取得した者や第三者に対して利用権を主張できるという規定があるので、この規定に基づいて、NFTの保有者は著作物を利用できることになります（当然対抗制度）。

このようにNFTとコンテンツの著作権についてはさまざまな問題があります。コンテンツと紐付いたNFTの発行者は、購入者の信頼を得るためにも、著作権に関する問題が生じないように対策をすることが求められます。

第4節　DAOの税務（日本法）

1 エンティティの課税

(1) 法人課税と構成員課税

DAOに関連する税務問題は、DAOのエンティティそのものに対する課税と、DAOのメンバーおよびトークン保有者に関する課税が問題になります。以下、日本法を前提に解説します。

エンティティに対する課税は、基本的に、法人形態のDAOであれば法人として課税され、組合形態であれば組合として課税されます（注112）。なお、権利能力なき社団は法人として課税されます。法人形態と組合形態を比べた場合、組合形態については構成員課税とされ二重課税の問題がないことから、一般的には組合形態のほうが税務上は有利であるといわれることも多いものの、DAOの場合には、各メンバーがDAOの活動に関して生じた所得についてその持分割合に応じて確定申告を行い納税することも難しいことから、法人形態としてDAOを組成し、法人において確定申告および納税を行うほうが望ましい面もあります。

(注112) ただし、組織形態と実態がかけ離れている場合には、別の種類のエンティティと認定される可能性もあるので、組織形態を選択する際に仮装的な形態を選ぶと税務リスクが生じることとなる。なお、権利能力なき社団など人格のない社団等については収益事業（法人税法施行令5条1項各号に列挙されている34事業）から生じた所得についてのみ課税される（法人税法2条13号・4条・6条、法人税法施行令5条）。

組合形態のDAOにおいてメンバーが複数国に所在する場合、どの国において納税義務が発生するかは基本的に恒久的施設の有無によって決定されますが、DAOの行うプロジェクト内容によっては恒久的施設の有無の判定は難しく、課税当局とDAOのメンバーとの間での見解の相違が生じるだけでなく、国ごとにも見解の相違が生じる可能性があります。その観点からも、法人形態でDAOを組成するほうが望ましいかもしれません。

⑵　一般社団法人と特定非営利活動法人の税制優遇

法人型のエンティティの中には税制優遇が認められるものがあります。

一般社団法人については、公益法人認定法に基づく公益認定を受けることで公益社団法人となり、法人税法上の収益事業から生じた所得のみが課税対象となり、公益目的事業から生じた所得は課税対象になりません（注113）。また、公益法人認定法に基づく公益認定を受けていない一般社団法人であっても、①解散したときは、残余財産を国・地方公共団体や一定の公益的な団体に贈与することを定款に定めていること、または②解散したときにその残余財産を特定の個人または団体に帰属させることを定款に定めていないことなどの法人税法上の非営利型法人の要件（法人税法2条9号の2、法人税法施行令3条）を満たす非営利型法人については、公益社団法人と同様に収益事業から生じた所得のみが課税対象となります。一般財団法人についても、上記と同様の取扱いとなります。

特定非営利活動法人については、法人税法上の公益法人等とみなされ（特定非営利活動促進法70条1項）、法人税法上の収益事業から生じた所得がのみが課税対象となります（注114）。

（注113）DAOとは直接関係ない場合が多いと考えられるが、公益社団法人に対する寄付金には税制優遇措置がある（租税特別措置法41条の18の3、租税特別措置法施行令26条の28の2、租税特別措置法施行規則19条の10の5）。特定公益増進法人に対する寄附金にも税制優遇措置がある（法人税法37条、法人税法施行令73条・77条・77条の2、法人税法施行規則22条の4・23条の2・23条の3・24条）。

2 DAO構成員の課税・トークン保有者の課税

(1) 基本的な考え方

DAO構成員またはトークン保有者の課税については、DAO構成員またはトークン保有者が何に基づいてどのような所得を得ているかが問題となります。

DAOの構成員に対する課税については、DAOが組合形態である場合には上記1(1)の通り構成員課税となり、DAOが法人形態である場合には、株主、社員または持分保有者としてDAOから分配される利益に応じて納税義務が発生します。

トークン保有者に対する課税は、トークンが何を表章しているかによって異なります。トークンが暗号資産であれば暗号資産として課税され(注115)、権利を表章するトークンについては権利として課税されます。システム等の利用で消費されるトークンや会員資格を示す資格証明のためのトークンについても、債権を表章していると見られる場合には債権として課税されます(注116)。

(2) アセットトークンの譲渡

アセットトークンの譲渡に対する課税は、トークンが表章する資産の譲渡

(注114) DAOとは直接関係ない場合が多いと考えられるが、特定非営利活動法人のうち、一定の基準を満たすものとして所轄庁(都道府県知事または指定都市の長)の認定(もしくは特例認定)を受けたものに対する寄附金には税制優遇措置がある(法人税法37条、法人税法施行令77条の2、租税特別措置法66条の11の3、租税特別措置法施行規則22条の12)。

(注115) 決済手段としてのトークンのうち、前払式支払手段や電子決済手段については法定通貨建てであるため、これらを表章するトークンの保有者において課税の問題が生じることは基本的には想定されない。

(注116) 会員資格を示す資格証明のためのトークンなどにおいて裏付けとなる権利がトークンと一体化していないものであれば、トークンの保有者において課税の問題が生じることは基本的には想定されない。

として課税されます。トークン保有者が個人である場合、トークンが譲渡所得の対象となる資産を表章するときは、トークンの値上がり益は基本的には譲渡所得として課税され、したがって、不動産、動産、有価証券、知的財産権などを表章するトークンの値上がり益は、基本的に譲渡所得として課税されると考えられます。ただし、事業として継続的に売買が行われている場合には雑所得または事業所得として課税されますので、売買の状況を踏まえて判断することが必要となります。トークンが譲渡所得の対象とならない資産を表章するときは、トークンの値上がり益は雑所得または事業所得として課税され、したがって、金銭債権などを表章するトークンの値上がり益は雑所得または事業所得として課税されます。

⑶　法人における暗号資産の課税

暗号資産については、活発な市場が存在する場合、法人は、原則として期末時価評価に基づく評価損益に基づく課税を受けることとなります。暗号資産に該当するトークンがどこかの取引所に上場している場合には、他の資産と異なり期末時価評価によって、含み益が増えた場合または含み損が減った場合には益金として計上することが求められ、含み益が減った場合または含み損が増えた場合には損金として計上することが求められます。

しかしながら、特定自己発行暗号資産については例外が認められ、時価評価により評価損益を計上する暗号資産から除かれました（法人税法61条2項、法人税法施行令118条の7第2項）[注117]。特定自己発行暗号資産とは、自己が発行し、かつ、その発行の時から継続して自己が保有する暗号資産であって、以下のいずれかに該当する暗号資産をいいます。

（注117）法人が自己の計算において有する特定自己発行暗号資産について、その暗号資産が特定自己発行暗号資産に該当しないこととなった場合には、その該当しないこととなった時において、その暗号資産をその時の直前の帳簿価額により譲渡し、かつ、その暗号資産をその帳簿価額により取得したものとみなして、その法人の各事業年度の所得の金額を計算することとされた（法人税法61条7項、法人税法施行令118条の11）。

① 当該暗号資産につき、他の者に移転することができないようにする所定の技術的措置がとられていること（法人税法施行令118条の7第2項1号）。

② その暗号資産が、信託契約において、ⅰその信託の受託者がその信託財産に属する資産および負債をその信託の受託者および受益者等以外の者に譲渡しない旨が定められていること、ⅱその法人によって、その信託の受益権の譲渡およびその信託の受益者等の変更をすることができない旨が定められていること、等の要件を満たす信託の信託財産とされていること（法人税法施行令118条の7第2項2号）。

⑷ 個人における暗号資産の課税

個人が暗号資産を譲渡した場合には、原則として雑所得となります。ただし、事業として継続的に売買が行われている場合には事業所得として課税されますので、売買の状況を踏まえて判断することが必要となります。なお、暗号資産同士を交換した場合であっても、暗号資産を譲渡し、同時に暗号資産を取得したと解されているため、譲渡した暗号資産に値上がり益がある場合には、その利益に対して課税されます。これは複数の暗号資産同士を交換した場合も同じであり、その計算は相当複雑になります。

第5節　準拠法

1　当事者間での権利関係

DAO の構成員が国をまたいで存在する場合、DAO の内部ルールまたはDAO 構成員間に関する法律問題に対してどの国の法令を適用すべきかが問題となります。DAO の規約において準拠法を定めておいた場合にはその準拠法が適用となる可能性は高いものの、厳密には国際私法を介して適用される法令が決定されます。

わが国における国際私法のルールは通則法という法律に定められています。

民法上の組合等の組合型の DAO と権利能力なき社団による DAO は当事者間の合意によって成立しますが、この合意（契約）の成立および効力に関する準拠法は「当事者が当該法律行為の当時に選択した地の法による」（通則法７条）とされていますので、契約や規約に準拠法を定めた場合にはその定められたものが準拠法となります（注118）。

契約や規約に定めがない場合の準拠法は「当該法律行為の当時において当該法律行為に最も密接な関係がある地の法による」とされていますので（通則法８条１項）、どこが「最も密接な関係がある地」であるかを判定することが必要となります。この点については推定規定があり、「法律行為において

（注118）消費者契約（通則法11条）や労働契約（同法12条）に関しては上記のルールを修正する特別な規定がある。DAO の場合には問題になることは珍しいと思われるが、内容によっては消費者契約に関する特則が適用となる可能性がある。

特徴的な給付を当事者の一方のみが行うものであるときは、その給付を行う当事者の常居所地法（その当事者が当該法律行為に関係する事業所を有する場合にあっては当該事業所の所在地の法、その当事者が当該法律行為に関係する2以上の事業所で法を異にする地に所在するものを有する場合にあってはその主たる事業所の所在地の法）を当該法律行為に最も密接な関係がある地の法と推定する」とされています（同条2項）。

また、不動産を目的物とする法律行為についても「その不動産の所在地法を当該法律行為に最も密接な関係がある地の法と推定する」とされており（通則法8条3項）、不動産に関する権利を表章するアセットトークンの場合にはこの推定規定が適用される可能性があります。

ただし、これらの規定はあくまでも推定規定ですので、「最も密接な関係がある地」が別にあると認められることもあります。これらの推定規定がない場合、事実関係に即して「最も密接な関係がある地の法」を判定することになりますが、DAOの仕組み上、この判定は容易ではなく、法律関係の安定性のためには契約または規約において準拠法を定めておくことが望ましいと考えられます。

法人型のDAOの場合、法人の組織や機関などをめぐる内部の法律問題について通則法に規定がありませんが法人の設立時に選択した国や法域の法が準拠法になると考えられています（注119）。法人型のDAOについて、株主間契約などの法人とは関係ない契約または規約が別途ある場合には、上記の契約に関するルールが適用となります。

債権の譲渡の債務者その他の第三者に対する効力は、譲渡に係る債権について適用すべき法が準拠法になるとされています（通則法23条）（注120）。

（注119）山田鐐一『国際私法〔新版〕』（有斐閣、2003）226頁、山内惟介＝佐藤文彦編『標準国際私法』（信山社、2020）76頁。

（注120）DAOにはあまり関係がないが、動産または不動産に関する物権およびその他の登記をすべき権利は、その目的物の所在地法が準拠法になるとされている（通則法13条1項）。これらの権利の得喪は、その原因となる事実が完成した当時におけるその目的物の所在地法が準拠法になるとされている（同条2項）。

2 規制法の問題

クロスボーダー取引を行うに際しては、わが国の金商法などの規制法が適用になるかが常に問題になりますが、DAOについても同様に問題となります。各国の規制法には、国外の行為なども対象としている域外適用の規定が設けられていることもありますので、そのような場合には、DAOの設立準拠法や活動地域がなくても、域外適用のある国の規制法が適用されることもあります。

刑法については「この法律は、日本国内において罪を犯したすべての者に適用する」として属地主義の原則が定められており（刑法1条1項）、また、特別の規程がない限り「他の法令の罪についても、適用する」とされていますが（同法8条）、金商法などの規制法については規定がありません。規制法については、行為地が日本国内である場合に適用がある属地主義を基本としつつも、居住者を相手方とする場合など属地主義では法の目的を達することができない場合に保護法益に対する侵害可能性がある場合に適用がある効果主義も加味して検討することとなります(注121)。したがって、行為が日本国内であれば相手方が非居住者であっても規制法が適用となり、行為が日本国外であっても相手方がわが国の居住者であれば規制法が適用になると考えられます。

そのため、DAOの構成員にわが国の居住者が含まれている場合には、DAO構成員の行為が国内にあるとして、またはDAOの相手方が居住者であるとして、日本法に基づく規制の検討が必要となります。

（注121） http://www.sllr.j.u-tokyo.ac.jp/06/papers/v06part15(matsuo).pdf

第６節　DAO の法律問題（外国法）

1 米国法

⑴ エンティティの選択

日本法と同様、米国法上も DAO の法令上・税務上の取扱いは明確ではありません。そのため、規制法上、税務上その他のリスクから、特定のエンティティとして組成することが望ましいと考えられています。

特定のエンティティとして組成することなく、法人格のない団体として DAO を組成した場合（Entityless DAO)、各構成員が共同して取引を行うものとなり、DAO の名前で資産を保有する契約を締結することもできず、各構成員が DAO としての行為について無限責任を負うことになります。そのため、特定のエンティティを組成しない DAO は、取引や資産の保有に関して取引主体性が必要となるプロジェクトを行う場合には向きません。他方で、団体としての活動が限定的な DAO についてはこの形態でも問題はないと考えられ、特定の者への委託を必要としない点で DAO の自律性に適するため、選択肢の１つとなり得ます。

法人格のない非営利団体（Unincorporated Nonprofit Association。UNA）は the Uniform Unincorporated Nonprofit Association Act（UUNAA）に基づき多くの州で認められているエンティティです。利益の分配ができないという制約はありますが、構成員による直接的なガバナンスが可能となっている点と、トークンの保有者をもって構成員とすることができる点は、DAO に向く形態となっています。取引の主体になることができ、規制法上または税法上の不明瞭さも低く、法域によっては有限責任が認められます。非営利とはいえ、利益の分配は行うことができないだけで、団体自体の営利事業は認められ、構成員に対して出資相当分の分配を行うことは認められています。なお、法人格のない非営利団体の存在を認めていない州においてどのように取り扱われるかは明らかでなく、その点にリスクがあります。

有限責任協同組合（Limited Cooperative Associations。LCA）は、コロラド州のthe Colorado Uniform Limited Cooperative Association Actに基づき組成されるもので、協同組合とLLCの性質を併せ持ったエンティティです。LCAは取引の主体になることができ、構成員の有限責任が認められます。また、構成員による直接的なガバナンスが可能となっている点、営利事業を行い構成員に利益を分配できる点もメリットとして挙げられます。

LLC（Limited Liability Companies）は当事者の合意によって内部ルールを定めることができる余地が多いことから柔軟性が高く、DAOの特徴の多くを反映することができます。取引の主体になることができ、構成員の有限責任が認められます。法人格を有していることから取引活動や資産の保有にも支障がありません。構成員による直接的なガバナンスが可能となっている点と、トークンの保有者をもって構成員とすることができる点もDAOに向いています。また、営利事業を営むことができ、利益の分配も可能であることから、LLCにより組成されるDAOも多くなっています。もっとも、多くの法域において構成員の氏名や住所が公表され得ることから匿名性の点でDAOに向かない面があります。

会社（Corporation）はDAOの特徴にそぐわない部分が多く、会社形態でDAOを組成しようとする議論は多くありません。

第1節3で述べた通り、ワイオミング州のように、DAOという組織形態を法律で認めている州もあります。

また、DAOを単一の組織で構成するのではなく、複数の組織で構成するストラクチャーもあります。

⑵ 証券法

米国における規制法の問題としては、トークンが証券に該当するかが最も重要な問題となります。トークンが米国の証券法の下で有価証券（security）とされた場合、証券法および取引所法の規制を受けます。この場合、トークンの募集に関して金商法の有価証券届出書に相当するregistration statementを提出することが求められるほか、取引所法に基づく継続開示義務など金商法の規制と同じような規制を受けることになりますので、トークンの発行の際には基本的に有価証券に該当することを避けることが目指されます。

米国証券法および取引所法は日本の金商法とかなりの部分で似ていますが、有価証券の定義は大きく異なります。金商法の下では有価証券は個別に定義されており、該当性について比較的判定しやすくなっていますが、米国証券法の下では判例法の下で発展してきた考え方に基づき有価証券の該当性が判断されます。

トークンについては、典型的には投資契約（investment contracts）に該当するかが問題になりますが、この投資契約の該当性は、いわゆるHoweyテストによって判定されます。Howeyテストとは、米国最高裁が「投資契約（investment contracts）」該当性判定のために用いた基準で、①出資が存在すること（investment of money）、②共同事業が存在すること（a common enterprise）、③利益の合理的な期待があること（a reasonable expectation of profits）、④当該利益が他者の努力によって生じること（derived from the efforts of others）の４つの要件を元に投資契約への該当性が判定されます。

①の要件については、金銭の出資に限られず、現物出資や労務出資も含まれます。③の利益については、利益による配当のみならず、保有する権利の値上がりも含まれます。また、当該判定は、権利の内容のみならず、販売活動の態様その他の周辺事情も考慮されて判断されます。

SECはトークンの投資契約該当性についての考え方を示すものとしてフ

レームワークを公表していますので（注122）、個別のトークンが投資契約に該当するかについては、このフレームワークを参考に検討していくこととなります。トークンの価格の変動がプロジェクトの成否ではなくもっぱら市場環境によって生じる場合など、利益が他者の努力によって生じない場合には有価証券に該当しないと考えられますが、米国SECは「他者の努力によって生じる」の要件を広く考えており、一定のプロジェクトを前提とするトークンが米国証券法の下で有価証券に該当しないケースというのは極めて限定的であると考えられます。

一定の資産の価値と連動するステーブルコイン（Stable Coin）について、法定通貨と連動するものであれば④当該利益が他者の努力によって生じるものでないと考えられますが、ステーブルコインの仕組みによっては他者の努力によって価値変動が生じることがあり、その可能性がある場合には米国証券法の下では有価証券に該当します。

トークンが有価証券に該当する場合、米国におけるSTOは、一定の要件を満たす募集についてregistration statementの提出義務その他の規制を緩和するRegulation A+の例外に依拠して行われることが多くなっています。Regulation A+はTier 1とTier 2に分けて規制されており、Tier 1は、20百万ドルを上限とする募集で、2年分の財務諸表とともにFrom 1-AをSECに提出することが必要とされますが監査は必要とされません。また、各投資家による投資金額についての制限はありません。Tier 2は、50百万ドルを上限とする募集で、2年分の監査済み財務諸表とともにFrom 1-AをSECに提出することが必要とされます。また、適格投資家（Accredited Investor）以外の各投資家の投資金額については、その年間の収入または純資産のいずれか高いほうの10%が上限とされます。Tier 2は所定の継続開示義務が課される一方、Tier 1には継続開示義務は課されません。ただし、

（注122）「Framework for "Investment Contract" Analysis of Digital Assets」
https://www.sec.gov/corpfin/framework-investment-contract-analysis-digital-assets

Tier 1は投資家の所在する州の法令による登録義務は排除されていません。

(3) その他の規制

米国においては、企業透明化法（The Corporate Transparency Act）も問題になります。これは、小規模の非公開会社に対し、実質的所有者（Beneficial Owner）に関する情報のFinancial Crimes Enforcement Network（"FinCEN"）への報告を義務付けるものです。報告対象となる実質的所有者は、ある会社について、直接または間接的に、相当の支配力を有し、または当該会社の持分の25％以上を有する個人をいいます。そのため、LLCにおいては構成員の匿名性に制限が課されることとなります。

LCAとLLCのストラクチャーの場合には、構成員の名簿作成が要件となっていることが多く、公表が必要かは州によって異なりますが、作成義務がある場合にこれに違反すると構成員の有限責任などが否定されるなどの可能性があります。

Investment DAOの場合、投資会社（Investment Company）として投資会社法（Investment Company Act of 1940）の適用を受ける可能性もあります。組合型のエンティティでも投資会社に該当し得るとされており、投資会社に該当すると、登録義務、継続開示義務、ガバナンスに関する規制、投資や取引に関する制限などの規制を受けることになるため、ファンドは「投資会社」に該当しないように組成することが目指されます。重要な例外規定として、投資家が100名以下であることを要するSection 3 (c)(1)と投資家がすべて適格購入者（Qualified Purchaser）であることを要するSection 3 (d)(7)があります。

2 シンガポール法

シンガポールにおいて、DAOが特定のエンティティとして組成されない場合、general partnershipまたはunincorporated associationとして取り扱われると考えられています。これらのエンティティは、独立した取引主体とはならず、多数決による意思決定に基づき活動し、構成員はDAOの債務について無限責任を負います。

一般に事業活動を行う際には通常の会社形態（companies limited by shares）が選択されることが多いものの、DAOに向かない特徴として、構成員の名簿が必要とされる点、構成員の名簿はAccounting and Corporate Regulatory Authority（ACRA）に基づき登録され、誰もがbusiness profileを購入することにより閲覧可能で匿名性が確保されない点などがあります。シンガポールの会社ではアドバイザリーボードを作ることができ、トークン保有者の代表者をアドバイザリーボードの構成員とすることもできるためDAO構成員の意思をアドバイザリーボード経由で会社運営に反映させることもできますが、アドバイザリーボードの構成員を介する点で自律性からは遠ざかることになります。

別の会社形態として、company limited by guarantee（CLG）があります。これは、構成員に対して配当または利益の分配をすることはできませんが、DAOに向く特徴を備えているため、非営利の活動を行うDAOにつき選択肢の1つとなります。CLGは、ACRAに登録されるエンティティで、独立した法主体として活動することができ、構成員の責任は有限責任とされます（注123）。他方で、CLGについては、構成員の名簿は必要とされる点、活動は特定のメンバーがCLGを代表して行うことになり自律性を実現できない点にデメリットがあります。

規制法については、DAO参加者に対して経済的リターンがある場合、the Securities and Futures Actなどの規制法において集団投資スキームと見られる可能性があります。この場合、トークンの公募またはトレーディングは、集団投資スキーム持分の勧誘として規制される可能性があります。また、日本法下において暗号資産として取り扱われるような暗号通貨としてのトークンはdigital payment tokens（DPTs）としてthe Payment Servic-

---

（注123）CLGは、通常の会社（companies limited by shares）と異なり、資本金はなく、構成員は定款に記載された出資金額を上限として責任を負う。

es Act 2019（PSA）により規制される可能性があります。DPTの売買もしくは他のDPTとの交換を事業として行う場合、またはDPTの取引プラットフォームを設ける場合にはライセンスが必要とされます。さらに、トークンの発行が支払または送金に使用できる電子マネーの発行サービス（E-money issuance services）に該当する場合にもライセンスが必要とされます。

3 ケイマン諸島のFoundation

DAOの組成について、Cayman（ケイマン諸島）のFoundation（財団）の利用可能性が多く検討されています。このFoundationはthe Cayman Foundation Companies Actで修正されたthe Cayman Companies Actに基づき組成されるエンティティです。このエンティティは、設立時においては構成員（member）が存在しますが、その後はいつでも構成員が存在しないものとすることができます。これにより、特定の者による支配が生じるリスクをなくすことができます。構成員がいない場合でも議決権のない受益者（Beneficiaries）は存在し得るとされており、CaymanのFoundationによりDAOを組成した場合には参加者は受益者になることが想定されます。Foundationの活動の目的に制限がなく、有限責任が認められ、法人格が認められるため取引主体性の問題もありません。内部ルールは付属定款（by-laws）で柔軟に決めることができますが、これは当局に提出されず、守秘性が高い点もメリットと考えられています。

このFoundationは、取締役（Directors）によって運営されます（注124）。取締役の選任は定款によってルールを決めることができます。取締役の権限次第ではありますが、自律性の観点からはDAOに向かない面があります。

ケイマンにおける規制法として、Virtual Asset Service Providers（VASP）Actがあります。これは、仮想資産サービス提供者（virtual asset

(注124) Foundationに構成員がいなければSupervisorsが別途必要とされるが、取締役がSupervisorsを兼ねることができるとされている。

service providers）に関する規制で、ケイマンのFoundationとして組成されたDAOがトークンを発行する場合にはこのVASP法の適用を受け、許認可の取得が必要になる可能性があります。VASP法で規制される仮想資産（virtual assets）の販売に私募は含まれないとされていますので、法令の要件を満たす形で限られた者に対するトークン発行はVASP法の適用を免れることができます。また、エアドロップ等の無償の発行は規制対象外とされています。

また、トークンが有価証券に該当する場合、the Securities Investment Business Law（SIBL）の規制を受ける可能性があります。

おわりに

以上の通り、DAO について、その仕組みと法律問題について解説してきました。

DAO では、ブロックチェーンを活用して、従来の中央集権型の組織とは異なる分散型のガバナンスをすることにより、組織の透明性や効率性の向上や、参加者がより平等に意思決定に関与することが可能となります。また、DAO は、人々が企業などに所属することなく、グローバルレベルで働くことを可能とする組織でもあります。

現代ではあまりにも大きな貧富の差が生まれるなど、中央集権的な組織によって形成されてきた資本主義が行き詰まりを見せていることころです。分散型組織である DAO は、このような資本主義の行き詰まりに対して何らかの解決策を示すことできるかもしれません。

他方で、DAO には本書で示したように解決すべき課題が山積しています。投票などのガバナンスの方法についてのベストプラクティスも確立しているとはいえず、法規制や税制上の問題やサイバーセキュリティのリスクもあります。

しかし、これらの問題を解決することで、DAO がより一般的な組織形態として認識されて、広く利用されることが期待されます。

DAO に関するガバナンスや働き方の考え方が、従来の企業や組織にも影響を与えて、新しいビジネスモデルやイノベーション、新しい働き方を生み出す可能性もあります。

また、DAO が人々を結びつける役割を果たし、地方創生などに活用されることも考えられるでしょう。

このように、DAOは、新たな組織形態としてさまざまな可能性があります。このような可能性を持つDAOを、本書の読者の方々にご理解いただき、また活用していただくことで、DAOの発展に少しでも役に立つことを願っています。

○事項索引○

欧　文

あ　行

か　行

さ 行

た 行

な 行

は 行

ま　行

や　行

ら　行

わ　行

◯著者略歴◯

福岡真之介（ふくおか　しんのすけ）

1996年　東京大学法学部第一類卒業
1998年　第二東京弁護士会登録
1998年－2001年　中島経営法律事務所勤務
2001年－現在　西村あさひ法律事務所・外国法共同事業勤務
2006年　Duke University School of Law 卒業
2007年　ニューヨーク州弁護士資格取得

Web3・メタバース・AIなどのテクノロジー法務を中心に、暗号資産保有者に対するリーガルアドバイスや、NFT・メタバース・DAOなどを取り扱う。内閣府「人間中心のAI社会原則検討会議」構成員、経済産業省「AI・データ契約ガイドライン検討会」委員を務める。

著作として、『AIプロファイリングの法律問題』（共著、商事法務、2023）、「Web3ビジネスと米国法⑴暗号資産に対する資金移動関連法の適用の有無」、「Web3ビジネスと米国法⑵暗号通貨に対する証券取引法の適用性」、「生成AIにおける法律問題――著作権編」、「メタバースにおける法律と論点（上）（下）」がある。

本柳　祐介（もとやなぎ　ゆうすけ）

2001年　早稲田大学法学部卒業
2003年　第一東京弁護士会登録
2003年－現在　西村あさひ法律事務所・外国法共同事業勤務
2010年　コロンビア大学ロースクール卒業（LL.M.）
2011年　米国NY州弁護士登録

投資ファンドの組成、アセット・マネジメント、資本市場における資金調達、金融商品市場の取引規制、金融業関係規制、Web3・ブロックチェーン・トークン関連ビジネスなどを中心に手がける。

著作として、『STOの法務と実務Q&A』（商事法務、2020）、『金融商品取引業のコンプライアンスQ&A』（商事法務、2022）、『ファンドビジネスの法務〔第4版〕』（共著、金融財政事情研究会、2022）、『ファンド契約の実務Q&A〔第3版〕』（商事法務、2021）、『FinTechビジネスと法25講』（共編著、商事法務、2016）、『投資信託の法制と実務対応』（共著、商事法務、2015）、「株式関連事務におけるブロックチェーンの活用」NBL1168号（2020）、「株式投資型クラウドファンディング業者に関する法的論点と実務」旬刊商事法務2112号（2016）、「上場企業の第三者割当をめぐる法制整備の概要」（共著）ジュリ1470号（2014）、「外国ETF・外国ETFJDRの上場に関する法的論点と実務」旬刊商事法務2034号（2014）、「並行第三者割当の法的論点と実務」（共著）旬刊商事法務2024号（2014）、「〔座談会〕ブロックチェーンの法的検討（上）（下）」NBL1094・1096号（2017）がある。

DAOの仕組みと法律

2023年12月20日　初版第1刷発行

著　者　福　岡　真之介　本　柳　祐　介

発行者　石　川　雅　規

発行所　株式会社　商　事　法　務
〒103-0027 東京都中央区日本橋 3-6-2
TEL 03-6262-6756・FAX 03-6262-6804〔営業〕
TEL 03-6262-6769〔編集〕
https://www.shojihomu.co.jp/

落丁・乱丁本はお取り替えいたします。　印刷／(有)シンカイシャ

Printed in Japan

ISBN978-4-7857-3060-4
＊定価はカバーに表示してあります。